伝承写真館

日本の食文化 1

北海道・東北 1

農文協

発刊にあたって

『伝承写真館 日本の食文化』をお届けします。

このシリーズは都道府県ごとに各地域を山間・平野・海辺等に分け、そこでの昭和初期の人びとの朝・昼・晩、ハレの日・ケの日の食事と暮らしを再現したものです。大都市のある都道府県では、都市部の食と暮らしも取り上げました。

まず再現した食事のカラー写真を置き、そのような「食とその背景」をその地の専門家に解説していただき、さらに、当時の暮らしが地域の自然と強く結びついていたことを「屋敷まわりの図」（○○地域の農林漁業と食べもの）によってモデル的に示しました。また、その地で育ち、地域文化のすみずみまでよくご存知の方にエッセイを執筆していただきました。写真はすべて、そのころ台所仕事を引き受けていたおばあさん、ときにはおじいさんから、何度もお話を伺い、実際にその料理をつくっていただいて撮影したものです。

本シリーズは地方ブロックごとに一巻としています。近隣の県と並べて一覧することで地域の個性の違いや関連が興味深く現われてくるでしょう。地域の自然に支えられて成り立った食事、暮らしの核となっていた食事が、新しい食生活を生み出す手掛かりとなるに違いありません。

＊

今を去る四半世紀前、私たちは各地の古老たちからの聞き書に精力的に取り組んで、一〇余年の歳月をかけ『日本の食生活全集』全五〇巻を完成させました。「いまやっておかなければ永久に失われてしまう」という思いで行なった仕事です。昭和初期の各地の食事は、江戸時代から引き継がれ、戦中戦後の飢えの時代を除けば、昭和三十年ごろまで続いてきたといわれます。食の歪みが叫ばれる今日、地域と自然に根ざした食文化を再興するよすががここにあるといえるでしょう。

今回のこのシリーズは『日本の食生活全集』の聞き書の部分を除いて再編成したものです。一つ一つの料理の、素材の育て方や採取法、調理のしかた、さらには地域の自然に根ざした暮らしの全貌などの詳細は、古老の語りを記録した『日本の食生活全集』をご覧ください（ＣＤ版もあります）。

二〇〇五年七月、食育基本法が施行されました。それに基づいた国の「食育推進基本計画」では「地域の伝統的な食材や食文化をはじめ地域と風土に根ざした食文化の形成と特性等…我が国の食文化の継承・発展の基盤となるべき調査研究」を促進する――とされています。私たちが手掛けた仕事に誇りをもって、本シリーズを刊行いたします。

二〇〇六年七月

社団法人　農山漁村文化協会

伝承写真館　日本の食文化①　北海道・東北1

目次

青　森

岩　手

秋田

北海道

新天地のフロンティアスピリットが育んだ北海道の食

開拓の地に生きることは、その地に生える植物とともに生きることでした。長くきびしい北海道の冬。春は遅く、夏は短い。そして火山灰地。不利なことばかりにみえるこの条件を、人びとは逆に、この地でしかできない食と暮らしの設計に生かしてきました。じゃがいもは冷害に強く、秋の晴天で澱粉質が高まり、おいしくなります。大豆やうずら豆などの豆類は、種を遅く播いてもできるうえに、収穫のころ日高山系を越えてくる風に当てられ、十分に乾燥して質の高いものになるのです。とうきびも、夜の冷えこみで甘みをます作物です。さらに、米の代用食としてのいなきび、かぼちゃなど。

これらの作物を人びとは、北海道らしい工夫を加えて、食卓にのせました。じゃがいもは凍《しば》れを利用して寒ざらしにし、味のひきしまったしばれいもだんごに。また、バターと煮こむじゃがいもバター煮に。とうきびは、一日中燃やしているストーブの上で、かぼちゃやうずら豆と一緒にじっくり煮こんだとうきびがゆとし、体を温めました。お米を節約するためのいなきび飯も、粘りのあるもちいなきびを使い、ふっくらとした味を味わいました。開拓の地には、開拓の地でこそ品質が高まる食の素材と、その味わい方があったのです。

北海道の食生活にとって、越年《おつねん》（越冬）のための食糧の確保は、欠かすことができません。この「強いられた」技術もまた、逆に、北海道らしい食の豊かさを築く土台となりました。

野菜の貯蔵は、この地の人びとにとって、最も大切な冬仕度です。その気の遣いようは、穀類以上のものでした。大地が一尺も凍れてしまう北海道では、野菜は一度凍らせると、もう食料にならなくなってしまう。そして、冬、野菜を切らすことは健康を損ね、ときとして死さえ招く危険すらあったのです。そのため、どこの家でも台所や裏口の床下に大きな室《むろ》をつくり、野菜を貯蔵しました。また、そこに入りきらない分は家の近くの畑を掘り、豆幹《がら》やわらをかぶせて、埋めこんでおきました。こうして、どんなに凍れるこの地でも、野菜をいためることなく、生のまま冬中もたせ、食べる手だてを講じたのです。

野菜を貯蔵する今一つの方法が、漬物です。漬物は、食膳の単なる添えものではありません。凍りにくく、また仮に凍っても食べられるため、冬を無事に越すための重要な保存食料であったのです。

とくに、とりたての野菜をにしんと一緒に漬けこんだにしん漬は、北海道を象徴する漬物の一つとなりました。大根やキャベツの甘みと身欠きにしんの渋み、それがこうじの助けでまろやかになれた味。まさに、北海道の食の素材と気候風土とが産み出した、保存・越冬食の逸品というべきでしょう。

開拓の地、北海道は、全国から集まった人びとのふるさと料理がにぎわう場でもあります。晴れ食、行事食には、とくに生まれ故郷の料理を味わいたくなるものですが、いつの間にか新しい地で、夫の、あるいは妻のふるさとの味になじんだ人、両方の郷里の味わいやしきたりをとり入れ、北海道の風土という共通項に合わせ、練りあげた味にしている家など、さまざまです。また、ともすれば単調になりがちな冬、生活に彩りを添えるのが、報恩講やお七夜さまですが、このとき、小豆の煮ざえをつくって仏前に供えた東本願寺派の人が、西本願寺派の家や近親者にも配るといった光景もよくみられます。宗派や出身地を異にする人びとの、食を通じての交歓と支え合い。新天地、北海道ならではの、新しい文化といえましょう。

開拓、越年と並んで、北海道にはもう一つの顔、海があります。むしろ北海道は、和人にとっては、海からきり拓いていった「大地」です。三平、磯なべ、石狩なべなど、小手先の技術を排し、素材の新鮮さを生かした海の幸の料理の数々は、四方に海をもつ、魚介類の文字通りの宝庫、北海道ならではの味わいです。代表料理の一つ三平汁も、魚は必ずにしん、といった通説は聞きません。にしんであれほっけであれ、鮭でもたらでも、それぞれとれたときに「今日は三平しようか」といって、季節の野菜と一緒につくる。冬には冬の三平があり、夏には夏の三平があるのです。新鮮さとおおらかさ、これもまた、北海道食文化の大きな特徴の一つであります。

雄大な海と大地。この厳しい自然と対峙しながらそれをとりこみ、また、独特の洋食文化をも先駆的につくりあげていった北海道の食。その食文化における先人の魂、新天地に育んだ食と暮らしのフロンティアスピリット、「北海道の食事」をお届けします。

拓く、耕す、生きる。原自然と大地を食べる。

北海道の食事

★十勝のじゃがいも畑

★馬　そ　り

海を拓き、原野を拓いて棲み分けを広げていった北海道の先人たち。

海にはにしん、鮭、ほっけ、いかなどを追い求め、陸《おか》にはいなきび、とうきび、そば、じゃがいも、かぼちゃ、大小豆を播く。酷寒の厳しい自然とたたかいながら、その則を悟り、自然を生かし、自然に生かされた食と暮らしを形づくってきた。

生きることと食べることとが直に連らなった北海道の食事。それは〝食と人間〟の原点を示してくれる。

かぼちゃだんご

ほっけのかまぼこつくり

あきあじ(鮭)の塩引きづくり

生きることは，その地もに生きること。

小豆畑

秋の朝食
(上左から) なすのしぎ焼き，キャベツの漬物，米・麦・いなきびの飯，味噌汁（大根，キャベツ，じゃがいも，にんじん）

にしんそば

あきあじなべの材料

秋の昼食　小豆畑で

開拓の地に
の自然とと

秋仕舞いの料理
膳内：（上左から）鮭，煮しめ,（下左から）おはぎ（きな粉，小豆），なます，味噌汁（豆腐，たまねぎ）
膳外：きびもち

道東十勝の食

秋

広大な火山灰地を拓いてできた道東十勝の畑作地帯。人びとは、おそく播いても収穫できるもの、秋の晴天で乾燥させ貯蔵できるものなどを考え、また三、四年に一回は冷害を見こんだ作付けのしきたりをつくり、生き抜いてきた。じゃがいも、菜豆、かぼちゃ、大小豆の料理をさまざまにつくり、収穫を終えると〝越年《おつねん》〟の準備に余念がない。

菜豆のにお積み作業

先干し大根をつくる

あきあじの新巻きつくり

じゃがいもの皮むき

かぼちゃだんごのしるこ
上：白菜のおひたし，たくあんとなすの粕漬
下：しるこ

冬の夕食
上：漬物（たくあん，なすの粕漬）
下：鮭の親子飯，味噌汁（しめじ，じゃがいも，大根）

長く厳しい冬を、十勝の人びとは味噌倉や屋外の室《むろ》に囲った越年食糧で生きる。基本食は、いなきび飯や、薪ストーブの上でつくるとうきびがゆ。かぼちゃだんごのしることとともに、体が温まる。ときどき食べる鮭の親子飯は、限られた冬の食事を彩ってくれる。

いもすりだんごの味噌汁

おだまき（あん入り小麦粉まんじゅう）

とうきびがゆ３種
左：かぼちゃ入り，右：うずら豆入り

とうきびがゆつくり

十　勝　冬

正月のお膳
上：数の子，うま煮
中：大福豆のきんとん，なます，きんぴら
下：雑煮，にしんのこぶ巻き，黒豆

しばれ大根

岡室

味噌倉

大豆と豚肉の煮もの

よしずの防風垣

きのこの塩蔵
左：ぼりぼり，右：らくよう

十勝

春・夏

★馬による農作業

春はおそく、夏は短い。限られた農耕の日々を力いっぱい働き抜く十勝の人びとの日常食――主食は、春はいなきび飯、夏は麦飯が基本となる。汁ものは呉汁が多い。春とはいえまだ寒いので、呉汁で体を温めて働きに出る。

春の朝食

春の昼食

夏の朝食

春の夕食

夏の夕食

古くから開けた天然の良港で

道東海岸の食

（浜中・霧多布）

あきあじの塩引きつくり　すじこをとり出す

ますの飯《い》ずし

黒潮と親潮がぶつかりあう道東の海は、魚貝類が豊富。古くから日本有数の漁場として知られる。

塩引き、すじこ、毛がに、花咲きがに、ほっき貝、こんぶなど、北海道の海の味覚の多くはこの海からとれる。種々の魚料理も古くから伝承されているが、やはり、とれたての魚を生で食べるのが最高の味である。

こんぶ干し

ほっき貝の塩焼き

塩ゆでにした花咲きがに

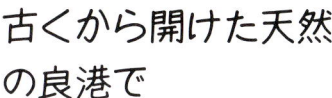

冬 三 平
上：（左から）鮭三平，ほっけ三平
下：（左から）にしん三平，たら三平

北海道における和人支配の拠点として古くから開けた道南地方。内地の影響を色濃く残しながら、北海道独自の食もつくりだしている。

三平汁は、最も日常的なおかずとして、しじゅうつくられる。今日は何にしようかと思ったとき、「三平しようか」といっては、季節のもの、あり合わせのものでさっさとつくる。

行事が内地並みに多いのも、この地域の特色である。

春 三 平
上：（左から）ふき三平，わかめ三平
下：ながら（そい）三平

秋 三 平
上：（左から）大根三平，キャベツ三平
下：かぼちゃ三平

夏 三 平
左：菜っぱ三平，右：ささぎ三平

歴史と伝統の拠点

道南松前の食

まいかの天日干し

干しだら

たらの干ものつくり

年取り膳

お盆のお供えもの

のオンパレード

飯ずしのいろいろ
上：いか，左：ほっけ，右：鮭

いかの加工品
上：（左から）粕漬，いっぱい漬，塩辛
下：（左から）酢いか，いか飯

ほ　や
（左から）生ほや，酢漬，おから漬

ほっけ料理のいろいろ
上：（左から）生ほっけ，干しほっけ
中：（左から）三平，ぬか漬，焼き魚，ほっけ漬
下：（左から）かまぼこ，平，切りこみ，ほっけの飯ずし

ぬ　か　漬
左：たら
中：（上から）にしん，ほっけ，いわし
右：（上から）ます，やなぎのまい（きんきん）

細目こんぶとその食べ方

海の幸と陸《おか》の幸

松　前

松前地方の海は深く、魚、海草の種類が豊富。生で、生干しで、焼く、煮る、ぬか漬、あるいは飯ずしにと、料理法も多種多彩。

陸のものも、じゃがいも、かぼちゃを筆頭に、多様な料理法が発達、伝承されている。

じゃがいも料理のいろいろ
上：(左から)塩煮，しるこ，華まんじゅう
下：(左から)だしもち，どったらもち，ごまもち

かぼちゃ料理のいろいろ
上：(左から)塩煮，かぼちゃだし汁，かぼちゃまんじゅう
下：(左から)かぼちゃがゆ，小豆かぼちゃ，かぼちゃしるこ

行事食（もち，だんごなど）

煮豆の保存食
(左から)金時ささぎ，大福ささぎ，黒豆

冬の漬物
上：(左から)ほっけ漬，かぶ漬，きゅうり漬
下：(左から)にしん漬，切り漬(大根，大豆，なんばん，しその葉)

群《く》来《き》るにしんを追って

年取りの膳

にしん漁の番屋

にしん切りこみ

にしんの鎌倉焼き

生にしんの味噌汁

にしん漬
（すけそう入り）

たこを使った料理のいろいろ
上：（左から）刺身，煮もの，さんしょうあえ，酢味噌あえ
中：（左から）てんぷら，うにあえ
下：（左から）ライスカレー，きんぴら，野菜炒め

西海岸の食

（焼　尻）

磯なべ
材料はあぶらこ，白菜，大根，にんじん，ねぎ，豆腐，味つけは塩味

昭和初期、にしんの千石場所として栄えた焼尻島。にしんをはじめ、たら、たこ、ほっけ、うに、こうなごなどが豊富にとれる。たこのライスカレーなどは、いかにも北海道の漁場らしい食事である。

くじら汁

はらこ汁

八　杯　汁

こうなごの釜ゆで

菜っぱ三平

ぬか漬にしん

こうなごのしょうが醤油かけ

北海道米作の中心地

道北旭川の食

水稲発祥地の碑

★押せずしつくり

あられ

笹だんご

寒もち

焼きつけ

きんつば

いもだんご

道北旭川地方は、北海道米作の中心地。とはいえ、人びとは秋～春は二番米、夏～秋は麦飯ですごし、晴れの日に上米の白米飯を食べる。焼きつけ、寒もち、あられ、笹だんごなど、各種米料理も発達している。

田植えの料理
左：小昼（あんパン，きびだんご），番茶
右：（上から時計回りに）たくあん，かれいの焼き魚，豆腐の味噌汁，ごはん，ふきと油揚げの煮しめ，ほうれんそうのおひたし，（中央上から）かぶの漬物，煮豆

お盆の料理
上：（左から）きゅうりもみ，ささぎとなすの煮しめ，ところてん，切り漬（きゅうり，大根，白菜）
下：赤飯，ひやむぎ，笹だんご

にしん料理
上：（左から）にしん漬，身欠きにしんのこんぶ巻き，開きにしんの焼き魚
下：（左から）身欠きにしんの煮つけ，すり身の味噌汁，ぬかにしんの焼き魚

秋祭りの料理
左の膳内：（上左から）かれいとふきの煮つけ，刺身，（中左から）肉・たまねぎ・こんにゃくの煮もの，きゅうりの酢のもの，（下左から）赤飯，豆腐のすまし汁，いんげんのごまあえ，右の膳内：（上）押せずし，（右下）てんぷら，紅白かまぼこ，角焼き

山菜とり

独自に発達した洋食

札幌の食

明治初期に開拓使は食物の改善を計画し、パン、バター、肉、西洋野菜の普及につとめた。この計画は試みに終わり和食が定着するが、その後の北海道の食事に大きな影響を与えた。

とくに、札幌地方では早くからキャベツ、たまねぎ、肉が料理に使われ、大正中期以降になると、ライスカレー、シチュー、コロッケなどが家庭料理として定着する。

牛乳を使った料理
上：(左から)かぼちゃスープ，じゃがいもの牛乳煮
下：(左から)牛乳おじや，牛乳のそばがき

シチュー

アイスクリーム

じゃがいもの塩ゆで

オムライス

★印の写真は
為岡進氏提供

北海道の食とその背景

小豆畑と小豆のにお（十勝・清水町）

一、明確な地域的特性を持つ北海道

北海道は周囲を海に囲まれ、南は津軽海峡をはさんで本州と、北は宗谷海峡をはさんでサハリン（樺太）と相対する、面積八万三五一四・八六平方キロメートル（北方四島を含む）の島しょである。これは東北六県に新潟県を加えたものより若干広い面積である。

この北海道島は、便宜的な地理区分として道南、道央、道北、道東の四つの地域に大別される場合が多い。この地域分けは、単に北海道を面積で四等分したということではなく、北海道開拓の歴史や各地域発展の系譜と大きな関連をもつものであるといえる。

道南地方は、函館、松前、江差などの町を含む渡島《おしま》半島を中心とする地域で、近世松前藩時代からの歴史をもっている。古くから本州各港との交流が深く、従来の日本文化や民俗を色濃く継承した地域である。また、半面、函館は日米通商条約にもとづく開港場の一つであり、新しい文化の摂取に積極的な面ももっている。

気候は北海道のなかでは比較的温和で、年間平均気温は七〜一〇度、積雪も他の地方と比べるとあまり多くはない。農業は主として畑作で、馬鈴薯、麦、とうもろこしのほか、野菜類の栽培も多いが、総じて土地が狭く、生産量はあまり多いとはいえない。稲作も行なわれているが、耕地面積は少ない。だが、温暖な気候のため、単位面積当たりの収穫量が高いのが特徴である。

道央地方は、札幌、小樽、岩見沢、室蘭、苫小牧、浦河などの町を含む石狩低地帯を中心とする中央部で、主として明治初期の開拓になる地域である。明治二年に開拓使によって札幌本府が置かれて以来、北海道の政治、経済の中心地である。

道央部は札幌、小樽など日本海側に位置する道央北部と、室蘭、苫小牧、日高地方など太平洋側に位置する道央南部に分けられるが、気候も異なり、日本海側では積雪が多く、太平洋側はきわめて少ない。気温も、札幌地方が年間平均気温七・八度程度、室蘭で八・四度と、太平洋側がいくらか温暖となっている。農業は石狩地方を中心に稲作がさかんで、全道の水田面積の半分はこの地方によって占められている。畑作も伝統的で、たまねぎ、馬鈴薯、キャベツ、トマト、なす、きゅうりなどがおもな産物となっている。また、後志《しりべし》地方余市付近では果樹園芸がさかんで、ぶどう、りんごが名産である。さらに日高地方では古くから牧畜がさかんで、現在は日本有数の馬産地となっている。

道北地方は、旭川、名寄、稚内などの町を含む最も北の地方で、明治二十年代後半から四十年代にかけて急激に開拓が進められた地域である。積雪量も多く、冬の気温はきわめて低い。

たとえば、道北の中心地である旭川では、明治三十九年に氷点下四二度という低温の最低公式記録をもち、年間平均気温は六・二度程度である。だが、夏は、期間は短いものの三〇度を超す真夏日が続く、いわゆる大陸性気候の地方が多い。このような気候条件のなかで上川地方を中心に稲作がさかんで、北海道有数の稲作地帯となっている。

道東地方は、大きく、帯広を中心とする十勝地方、釧路、根室を中心とする根釧《こんせん》地方、さらに北見、網走、紋別を中心とする網走地方に分けられる。

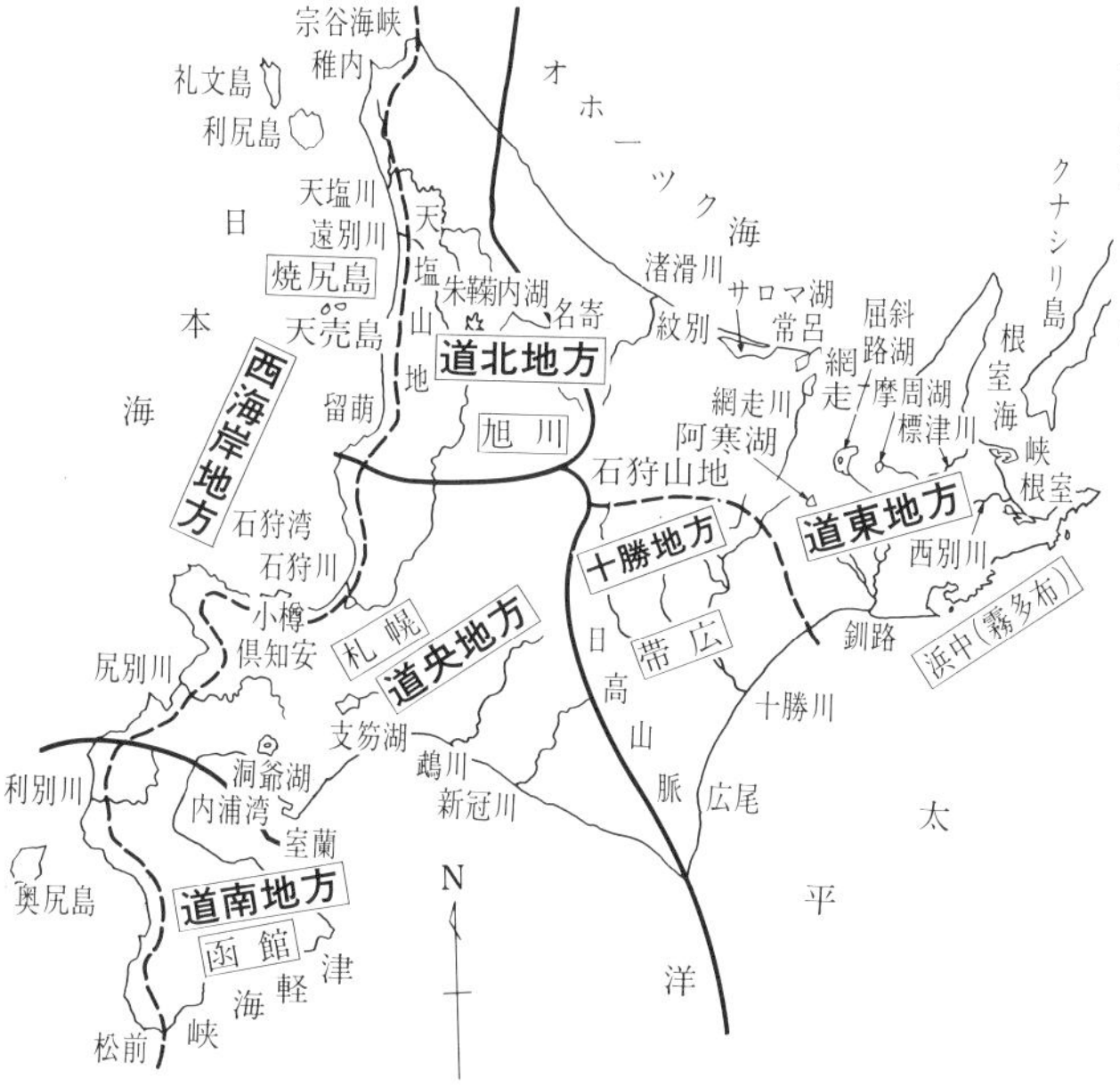

北海道の地域区分

十勝は、帯広を中心に明治三十年代以降に開けた農業地帯で、積雪は比較的少ないが、気温はかなり寒冷である。たとえば帯広の年間平均気温は五度程度となっている。農業は豆類、ビート、えんばく、馬鈴薯を中心とした畑作で、古くから酪農牧畜がさかんである。とくに乳牛の飼育がさかんで、現在では全農家の約半数が乳牛を飼っている。

道東の海岸地域は、釧路、根室、網走を中心とする日本有数の漁業地帯である。とくに太平洋沿岸は沖合を流れる温かい黒潮と冷たい親潮の合流地点であり、魚種が豊富な海域となっている。なお、夏に南東季節風がこの二つの海流の上を通過するとき起こる海霧は、この地方の名物であるばかりでなく、霧によって日照がさえぎられるため日中でも気温が上がらず、農業の未発達の原因となっている。

西海岸地方は、道南、道央、道北の三つの地域にまたがる海岸部である。総じて海岸線まで山地がせまり、農地は狭く、自家用野菜類の栽培を除くと農業は未発達である。気温は内陸部よりいくらか高いが、浜風が強く、体感温度はきわめて低い。積雪量は内陸部と比較すると若干少ない。

この地域の発展は、にしん漁など漁労によるもので、近世の追いにしんの拠点となった古平、小樽、留萌《るもい》、小平、稚内などの地域を中心に発展し、南から北まで漁法、生活法などが共通する漁労文化を持つ地域となっている。漁場民俗の源流は近世の松前地方に求められ、道南地方についで日本型民俗文化を色濃く継承した地域となっている。

二、米に対するあくなき願望

大正七年に内務省衛生局保健衛生調査室が実施した『全国主食物調査』によると、北海道は次のようにまとめられている。

市部……札幌・旭川・小樽ハ白米飯。函館ノ一部ニ米七挽割麦三ノ混食

市街地郡部……白米飯ト米麦ノ混食ガ半々、一部ニ薯粥

村落部……九月〜四月ハ馬鈴薯又ハソノ澱粉ノ団子、馬鈴薯の塩煮、玉蜀黍ヲ煮タモノヲ一日一食シテ主食ノ米麦ヲ補イ、粟、稗、玉蜀黍、挽割麦ト米ノ混炊等季節ニヨリ異ル。漁村ハ漁期ハ米飯

たしかに、北海道農業開拓の鍬がはじめておろされてから五〇年、開道五〇年の祝賀行事でにぎわった大正七年の北海道は、石狩、上川、空知を中心に水稲耕作も定着し、農業生産高が著しく増加する時代であるが、米など主食物の自給率は低く、まだその多くを他府県に依存している。

古くから漁業専業の地として発展してきた北海道は、近世の松前、えぞ地の時代から生活物資のほとんどを他領に仰ぐ、いわば伝統的な消費地としての性格の強い地域である。にしん製品、こんぶ、新巻き鮭などを内地の各地へ送る見返りとして、米、味噌、酒はもとより、酢、みりん、砂糖などの調味料までが各地からもたらされ、松前地の食生活は、当時の日本の農漁村と比較すると、きわめて高い水準にあった。日常食も米飯が主で、一般庶民の家庭においても、かて飯は少なく、東北地方の凶作の年などに、ひえ、あわ、こんぶ、いもなどとの混ぜ飯が見られるていどであった。

当時、松前、えぞ地への交通輸送は弁財船（北前船）と呼ばれる大型の木造船によって行なわれていたが、冬になると海の交通はとだえる。したがって、冬期は越年《おつねん》米や食物を大切に使わなければならない。このため松前藩は、他領からの出稼ぎ者が松前地で越年することをきらい、沖の口役所において冬は故郷に帰ることをすすめ、もしどうしても松前地で越年する場合は、税金として越年役を課すという処置をとっている。したがって春の雪解け時に港に入る一番船を氷割《ざいわり》船と呼んで、いろいろな賦役を免除している。春に米や生活物資を満載して入港する氷割船は、松前地の人にとって、まさしく春の訪れであったのである。

このように米に依存する傾向は、明治以降の農漁村部にも受けつがれる。北海道の開拓は、新しい土地を開き、畑

地を造成し、農業を定着させることを目標にはじめられた。開拓使が当初稲作を禁じ、畑作、牧畜を奨励したこともあり、初期には団体移住者や屯田兵などには入植後三か年ぐらい、米と塩菜料を支給した場合が多い。また、一般移住者は、このような補助がなく、入植当初きわめて厳しい生活を強いられたが、開拓地の作付けには菜種や野菜類など換金作物を選び、その金によって米を購入する場合が多かった。

とにかく、米を手に入れたいという願いから、移住農民のなかには稲作をひそかに試みる者もあり、とくに島松（広島村）の中山久蔵が寒地に強い赤毛種の作付けに成功し、北海道内陸部での稲作の可能性を示したことにより、しだいに稲作が広まっていく。

このように移住農民が寒冷地での米つくりに執着した理由については、明治二十六年四月の勧農協会の例会で広島村の谷本篤治の発言がすべてを語っている。

一、内地に於て米を常食とせし者が、北海道に移住後全くこれを廃し、他の食物を以て代ふるは実際困難なることにして、米は購はんとするも資力乏しく、従令之れありとするも食通不便にして容易に求むること能はず、大に米作の必要を感じたること。

二、移住民は、内地に於て米作上幾分の経験を有せしこと。

三、低湿地多きを占め、畑作に適せざるため水田となしたること。

四、移住の初に当りては交通不便なりしを以て市場作物を作りて之を他に出すよりも、米を作りて自ら食し、又永久貯蔵し得る便あるに若かざりしこと。

五、北海道は冬期永きため、酒を以て寒さを凌ぐ習慣ありしも、交通不便酒不廉なりしを以て、自家用酒を醸すが為米を作りしこと。

六、藁、縄、草鞋、莚等を購はんとするも交通不便にして容易に求むに能はず、自ら米作をなし、その副産物たる藁を以てそれを作るの必要を感じたる事。

これは北海道移住農民の稲作に対する執念を物語るものである。常食としての米飯への執着と換金作物としての有利性ばかりでなく、寒冷地での自家用酒の醸造や、副産物である稲わらの利用といった農家生活全般からの要求として稲作がとりあげられているのである。

移住者の多くは、故郷においても雑穀を常食としてきた山村の零細農民である。新しい土地で一生懸命働いて米の飯を腹いっぱい食べたいという願望を強くもち、また、開拓が進むと寒い土地に故郷と全く同じ形式の家屋を建てる者が多かった。

このようなことから、日常食として米飯に固執する傾向がきわめて強かった。だが、実際には農民の生活はきびしく、かて飯や代用食にせざるをえない場合が多い。『全国主食物調査』でも示されているように、馬鈴薯、とうもろこしの代用が多く、かて飯としては麦が主体で、あわ、ひえが少ないのが特徴であったといえる。

三、洋食的な料理の定着

北海道の食生活をみると、地方を問わず古くから洋食的なものの占める割合が大きい。

明治初期に開拓使は、北海道内陸部の本格的な開拓を進めるに当たり、欧米文化の導入による開拓計画を立案した。移住民の生活に関するものとしては、欧米型農法の導入と、衣食住全般にわたる生活様式の改善が大きな柱となっている。寒冷な気候を持つ北海道では稲作を中心とする従来の農法は不適と考え、畑作、牧畜を基盤とする農業を発展させ、それにもとづき、住民はパン、牛乳、バター、肉、西洋野菜による食生活とするというのが計画の基本であった。

このため開拓使は、西洋農具や家畜、さらにいろいろな作物の種子を輸入するとともに、一般への洋食の普及を奨励し、札幌農学校などでは、その先陣として生徒の食事を洋食としている。洋食といっても、パン、バターと、当時豊富であった鹿肉と野菜の煮つけといったものであるが、のちに広く普及したライスカレーやシチューもこの時代に外国から受けつがれている。

この試みは、明治十六年に開拓使が廃止されるとともに中止され、一般へは定着しなかったが、トマト、キャベツ、たまねぎなどの普及などを含め、洋食的なものを食生活のなかに組みこんでいくさきがけをなすものであり、その後の食生活に及ぼした影響はきわめて大きかった。

その後、開拓の進展とともに北海道でも稲作農業が発達し、和風の食生活が定着するが、都市部を中心に徐々に酪農食品が食事のなかにとり入れられていく。

だが、農漁村への洋食の普及は少し違った経緯を示す。直接のきっかけとなったのは、大正から昭和初期にかけてたびたび農村を襲った冷害による農作物の凶作である。当時の冷害、凶作の規模は大きく、地方によっては飢饉の状態におちいった場合も数多くみられる。たとえば大正二年の冷害による凶作はひどく、冬になると各地の農民が日常の食事にもこと欠き、澱粉粕、豆粕、大根の干し葉などで飢えをしのいだ事実が記録に残されている。

このような状態のなかで、大日本農会など農業関係団体を中心に、農家の食生活の改善が叫ばれる。それは農村の

ケチャップをかけたオムライス
鶏肉，たまねぎ，グリーンピース入り

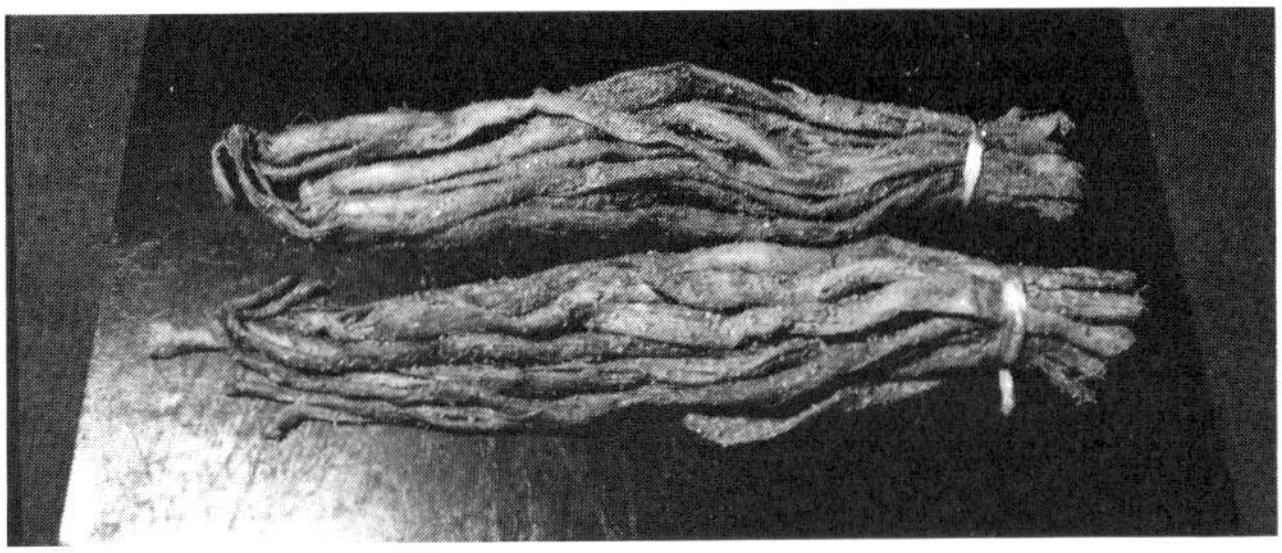

におのぬか塩漬

自給自足を前提とした計画であり、米、味噌、漬物に頼る従来の食生活を改め、寒冷地の新しい食生活を位置づけようとした点で、明治初期の開拓使が計画した食生活の改善に一脈通じるものである。

この改善計画の普及をはかるために、おもに農業団体が編集した『郷土食生活指導叢書』といった冊子を配り、また講習会などを開いている。当時の冊子によると、「酪農食」などと呼ばれ、オートミル、とうもろこしがゆ、野菜入りパン、玄米パン、スープ、牛乳、ラード、肉を多く用いた料理などがあり、なかには牛乳羊かん、牛乳しるこなどといったものもみられる。このような料理の一部は昭和に入ってからしだいに定着していくが、農村での洋食的なものの定着は、都市の場合と異なり、決して欧米の食生活文化へのあこがれや好みといったものからではなく、生きていくための命がけの選択であったといえる。

四、保存食の特徴

北海道の食生活においては、どの地方でも冬期の保存食が大きな位置を占めている。北海道で冬を越すことを古くは「越年」と呼んでいた。当時の北海道では、この言葉が、あるときには死をも意味するものであり、暗い重圧的なひびきをもつ、といった時代が長く続いていた。

冬期間の食糧の確保は大きな仕事である。越年米の用意はもとより、野菜類の貯蔵は最も大きな関心事である。たとえば、近世後期の北方警備の武士たちの多くが、越冬地で、野菜不足から水腫病となり死亡した事実からも、冬期の野菜類の確保は最も重要な冬じたくとなっている。生野菜は一度凍らせると食糧とならず、寒冷地での保存は難しい。そのため、土中に貯蔵するのが古くからの方法である。秋に収穫した大根、にんじん、馬鈴薯、キャベツなどは家の近くに集め、土を浅く掘って埋め、その上からわらをかぶせ、積雪のあと、その場所が確認できるように長い棒を立てておく。

もう一つは、漬物にして貯蔵する方法である。たくあん漬などの漬物は凍りずらく、また凍っても食用になるから、秋に大量に漬物を用意するのをしきたりとしてきた地方が多い。したがって晩秋近くになると、どこの家でもたくあんを漬けるのが大きな仕事になる。洗った大根を縄で何本も結んで軒下や家の近くの木にすだれのようにかける風景が、町や農漁村といった区別なく全道的にみられる。

ふき、わらび、ぜんまい、きのこなどの山菜類も、どの地方でも大量に採集し、塩蔵あるいは乾燥させて保存し、各種の料理に活用している。塩ぬか漬のすしにしんや新巻き鮭、塩辛類も古くは保存を目的につくられたものであり、たとえば塩漬の魚の汁を用いる三平汁は、かなり早くから全道的な料理として普及している。

　農村では鹿やうさぎの肉の塩漬、川魚の焼節《やきぶし》を保存する例も多い。開拓当時、北海道の山野にはえぞ鹿やうさぎが多く棲息しており、開拓者たちはこれを捕獲し、肉を塩漬にして保存したのである。おもに焼いて食べるが、野菜類と煮こむ場合もある。とくに病気や、からだが弱ったときの保健食としたといわれ、その伝統が受けつがれている。

　また焼節は、うぐい、やまべ、ふななどの川魚、秋に川をさかのぼる鮭を捕え、炉の火と煙で徐々に焼きながら燻製状にして保存するものである。鮭はそのまま食べることが多いが、川魚は味噌汁に入れたり煮つけたりして食べる。

　このほか、乾物としてわらび、ぜんまいなどの山菜類、凍《しば》れいも、大根の葉、身欠きにしん、丸干しの八つ目うなぎなどを、どの地方の家でも保存食として蓄え、冬に備えるのである。

日高山系
未開地　15町（山林10町）
豆畑
麦畑
暖房用の薪のとれるところ
大豆，小豆，大手亡，うずら，えんどう
山
《春》山菜，ふき，わらび，ぜんまい，うど，たけのこ，アイヌねぎ
《秋》まいたけ，ぼりぼり，しめじ，落葉きのこ
《木の実》山ぶどう，こくわ，きいちご，くまいちご，桑の実
豆類　7町5反
大豆　3町
小豆　1町5反
うずら　1町5反
大手亡　5反
えんどう　1町
麦類　2町5反
小麦　3反，大麦　1反，
裸麦　1反，
えんばく（家畜用）　2町
その他　2町8反
そば　5反
いなきび　3反
とうきび　2反
ごしょいも　5反
牧草　1町
あま　2反
ひえ
あわ　1反
家畜
馬　5，6頭
（子馬も含む）
鶏　10～20羽
果樹5反
りんご，梨，グースベリー，すもも，カーランツ
支流（いわな，うぐい，やまべ，ざりがに）
川
夏はますが，秋には鮭が上ってくる

道東十勝の農業と食べもの

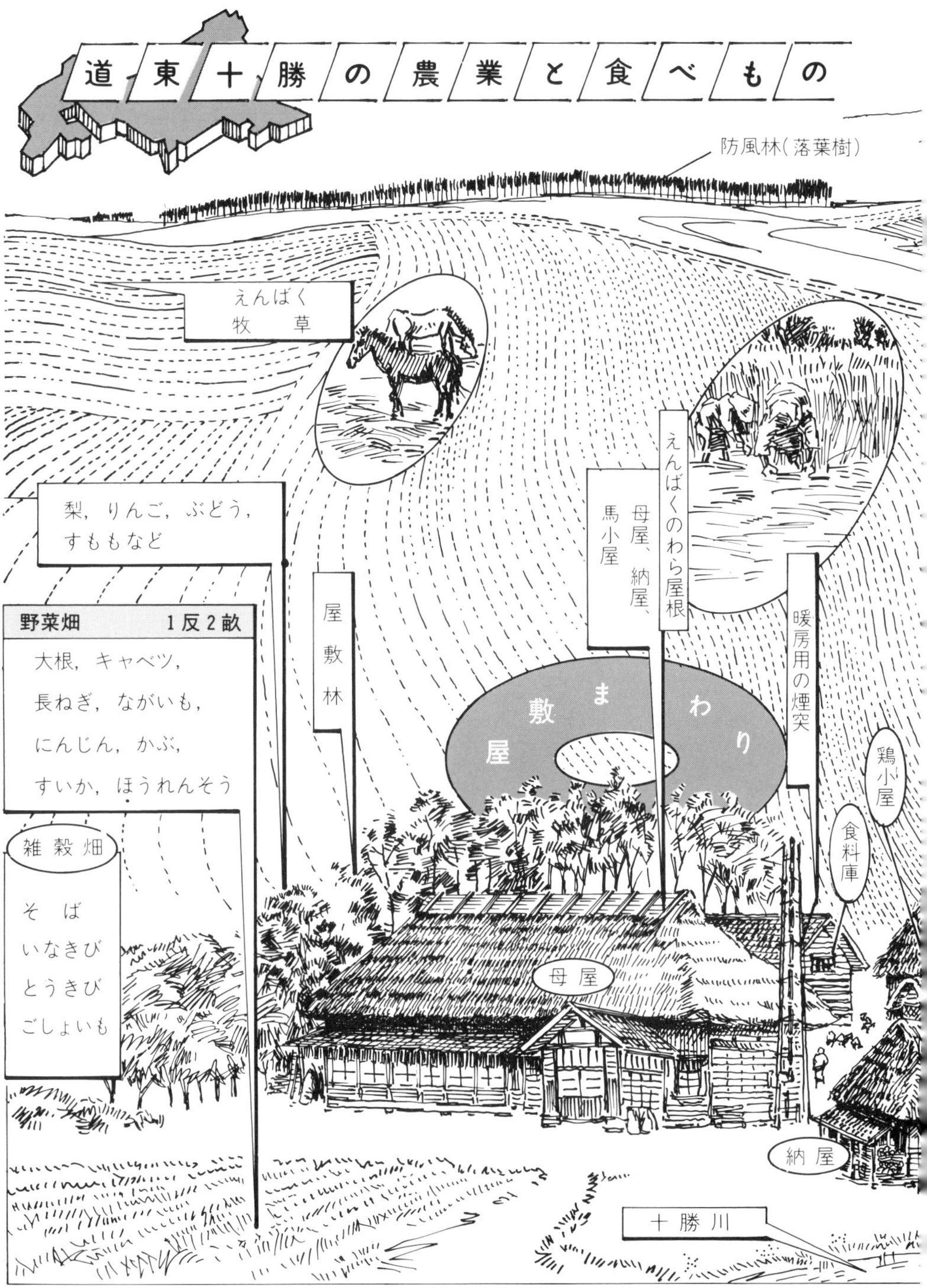
防風林（落葉樹）
えんばく
牧　草
梨，りんご，ぶどう，
すもも など
野菜畑　1反2畝
大根，キャベツ，
長ねぎ，ながいも，
にんじん，かぶ，
すいか，ほうれんそう
雑穀畑
そば
いなきび
とうきび
ごしょいも
屋敷林
母屋、納屋、馬小屋
えんばくのわら屋根
暖房用の煙突
屋敷まわり
鶏小屋
食料庫
母屋
納屋
十勝川

利尻島の食生活

八条志馬

標高一七一九メートルの嶮岨《けんそ》な利尻山を持つ北辺の利尻島に生を得た私である。その島の海岸に連なり小さな集落が四つある。すなわち沓形《くつがた》、仙法志《せんぽうし》、鴛泊《おしどまり》と鬼脇《おにわき》の四つである。今、行って見ると、この四つの村は私が住んでいた時よりもひどく過疎になっていて、人家も減り、従って人口も半減されていて、村制も東利尻町（東南の鴛泊と鬼脇）と利尻町（仙法志と沓形）の二つに大別されてしまっている。

四つの集落は明治初年から鰊の豊漁で海岸線はいずれも景気が良く、島を巡って四十何か所かの網元が建て網を入れ、群来《ぐんらい》する三月末から五月上旬までの鰊で賑わった。それが大正十五、六年から鰊の来遊が次第に減り、昭和に入って僅か十余年で鰊漁皆無の有様となり、今は獲れる事がむしろ不思議なほどになった。

利尻島も隣島礼文もそれは全く同じで、鰊のなくなったあとは僅かにコンブ、鮑《あわび》、ワカメ、タコなどとなり、一時、大正から昭和初期に獲れたタラバガニもオホーツクの海から漁することが不可能になり、集落と集落の間に点在する漁民は、或いは樺太に、或いは稚内、小樽、網走、釧路にと、漁夫として出稼ぎするようになった。

私が利尻に居た三十数年間の食生活を語ってみれば、魚は鰊のミガキ（三つにおろして乾燥したもの）をはじめ、鰊のヌタ、塩焼き、或いはカズノコの薄塩漬、白子《しらこ》（雄の精）の煮物などが一般的だった。また、タコもよく食べ、刺身を喜ぶ人が多かった。煮干しして歯のよい人は食用にした。

私は若いころから甘党で、三十代に入ると、歯を痛め堅いものが駄目になったので、寒干し物は口にしなくなったが、歯のよい人はタコやイカ（スルメ）とかカスベ（鱏《えい》）の干したものを好んで口にした。

またウニもよく獲れて、ムラサキウニ、方言でガンゼと称する小形のウニなどは私の最も好きなものであった。少年のころ、海に潜って、一メートル半までの所で逆立ちしてウニを採り、それを海辺の砂地で流木の枯れ枝を拾い集め、友達とよく焼いて食べたものである。

タラバガニの全盛であったのは大正五、六年から十四、五年までであった。これは、オホーツク海や沿海州近くから獲ってくるものである。本州のヘイケガニやタカアシガニなどよりも、はるかに肉も厚いし味もよい。塩煮または缶詰にして売り出され、これも私の垂涎ものであった。

サメは、南の方で獲れるものより小さいが、肉が白くて歯ざわりがよい。時々母にせがんで買ってもらい、食べたことを憶えている。

利尻島で稀に鱏の大物が深海で獲れることがある。大きなものになると畳三枚ほどの化け物のようなのが上がることがある。今の値段で言うと莫大な価格だが、私の二十歳ころ獲れた鱏は、その大きさで三十円ぐらいであった。

このほかに、割に見劣りするが美味な魚にホッケというのがあり、淡泊であるがダシ気のある魚だ。サンマも時として獲れたが、これは割とうけはよくなかった。またチカも味のよい魚だ。岸に流れついてくる魚介のうちに、ホヤというグロテスクな、昔、灯《あか》りをともしたランプのホヤに似た形のものがあった。これは歯ごたえのあるもので、ちょうどイカの煮たような味がする。私の好きなものであったが、滅多に岸に打ち寄せられはしなかった。

コンブとワカメも有名で、オボロコンブ、トロロコンブとして人々に愛用された。これは、昔ほどの名声はないにしても、今だに礼文島のものも利尻コンブと総称されてダシ用として売り出されている。私もコンブは今もって、利尻島にいる義弟から送ってもらい、食膳にのせている。

テングサもよくとれた。テングサは、大時化のときでも、コンブと違って岸辺に流れつくというものではない。本職の漁師が、鍛冶屋に依頼して特殊な櫛形の金属を作り、磯舟という五メートルほどの木造舟に一人だけ乗って海底から掻き上げるもので、私の伯父はこれの名手であった。ワカメ、アワビ、コンブも道具は異なるが、皆海底を引っ掻き回して漁するものである。

海産物はそのくらいにして、今度は私達が畑作物で何を食用にしたかを語りたい。利尻島は緯度が高いので、米や麦、トマト、スイカ、メロンなどは余程の高温装置をしなければ生えない。利尻全島で畑からとれるものは、バレイショ、カボチャ、ダイコン、キャベツ、ネギ、トウモロコシなどの寒冷地向き作物ばかりであった。

そのうちバレイショは、皮をむいて塩煮にするほか、煮たものを臼で搗いて食べた。つまりイモモチである。ダシ汁を作ってスイトンにするか、砂糖汁をつけて食べる。砂糖汁はモチの汁粉にあたる。私の家ではよく兄か私が搗いて、それを母が味付けして食わしてくれた。

カボチャは、稀に大きなものができる。今、本道で作られているカボチャと品種が違うもので、これも塩煮にするか、つぶして団子状にし、それにデンプンを少量混ぜてもう一度煮ると、スイトンかおつゆの実《み》になり、おいしいものであった。その他、屑イモは、鉄板に釘で細かに穴をあけたものを円形に丸めて、函の中に装置し、イモデンプンを作ることをやったが、当時は動力がなく手動なので、兄も私もヘトヘトに疲れたものであった。

キャベツやダイコンは特に変わった調理法がなかった。トウモロコシも結構よいものが穫れたが、これも今、北海道本島でやっている食べ方とさほど変わりはない。

山菜は、北方であっても、ウド、ヤマブドウ、ネマガリダケのタケノコ、セリ、ヤマイチゴ、フキ、キノコ数種が生じ、漁師の女房達や街の男女までが時季を見ては利尻山の麓近くまで行って採ったものだ。私も母と兄などとよくヤマブドウやキノコ類を採りに山に行ったものだ。利尻島も礼文島も山にクマやヘビが居ないので、だれでも安心して山歩きができた。

（はちじょう・しま　作家　一九八六年記）

アイヌ

すべてのものに神宿る——清廉なアイヌの食文化

アイヌは熊を送るまつりを行なう。そのことが知られるようになるにつれ、アイヌは狩猟民族であり、おもな狩猟の対象は熊だと思われる向きがあった。

しかし、アイヌが熊を狩るのは、食料としてよりも、むしろ射止めたその熊を神の国にお送りするまつり、つまり宗教儀礼を行なうというほうに重きをおいていた。

食料として好んだのは鹿肉のほうであった。ユーカラなどの語り物の中にも、少年がはじめて狩りに出て鹿を射止めるくだりがよく出てくるが、この場面はふんだんに慣用句を使い、事細かく描かれる。狩りに成功して帰ってきた少年に対する驚嘆の声や、調理のしかた、料理に舌つづみを打つ様子なども、ほほえましく語られている。

鹿は群れて行動することが多い。それを利用して鹿笛でおびき寄せたり、崖の上に追い上げてそこから一気に落としたりする猟法もあって、それら鹿猟にちなんだ地名も明治の末期までは地図の上でも北海道各地にみられた。アイヌ語で鹿はユㇰだが、同時にこの語はけものの意味にもなる。

アイヌが狩猟民族には違いないが、生活の中心は漁労であった、とする説も多い。鮭のことをアイヌ語でシペ（シ・イペ）というのもその理由のひとつ。「本当の食べもの」という意味だからである。ほかにも、サキペ（サクイペ）（夏の食べもの＝ます）、タンネイペ（長い食べもの＝うなぎ）など、魚の名前が即、食べものを意味する例は多い。

アイヌのコタン（集落）は、交通路ともなる河川に沿ってつくられることが多いが、とくに鮭の溯上する川筋が喜ばれた。鮭にゆかりのある地名は、鹿に関する地名よりも多く、鮭やますの産卵する場所や、梁《やな》を仕掛けやすいような瀬にいたるまで、こまごまとつけられていた。

鮭にまつわる物語や歌、それに地名伝説なども、鹿とは比較にならないほど多い。漁法にも鹿猟には見られない独特のきまりがある。そのひとつに、イサパキㇰニ（その頭を打つ木）という削りかけのついた棒で、とった鮭の頭を一本一本打つということをあげることができる。その棒はイナウ（木幣）になって鮭が神の国に帰るときのおみやげになると考えられ、それをしないで神の不興を買ったという話なども各地にある。

神の国で、魚の入っている家を守って暮らしているのは郭公《かっこう》と筒鳥《つつどり》の夫婦神で、北海道にはこの神が漁兆を示すという言い伝えが残っている。それは春になって神が外に出るときの出方で決まる。男神が先に立つと、女神はていねいに戸口を閉めるが、女神が先だと男神はろくに閉めずに妻の後を追うので魚がそこから出るため、豊漁になるのだという。そのため、女神である筒鳥が男神である郭公より先に鳴く年は大漁になるといって喜んだ。

アイヌは漁労や狩猟のほかに植物の採取も行なったが、その記述は本書にくわしいので省く。いずれにせよアイヌの食料は自然から得ていた。

最近は、自然の美しさだけを愛でることが当然のように思われる時代になったが、自然を相手に暮らすことは容易なことではない。どの時期に、何を、どこで手に入れ、どのような方法で処理するか、その知識がなければ生活はできなかった。

どんなに才覚があっても、人間の力ではどうしようもない不測の事態に直面することもある。最も恐れられたのは、ケンラム（飢饉）で、その様子は文献でも見られるし、今日まで語り伝えられている。アイヌの食に多く見られる加工・保存食も、冬期のための備えであると同時に、飢饉に備えてあみだされ、発達したものと思われる。

全てのものに神宿る、厳しい自然の中で育まれた「アイヌの食事」をお届けします。

萩中美枝

北の大地で神々とともに生きる

アイヌとは「人間」を意味する。アイヌの人々は自然が人間に与えるものはすべて神の恵みと考え、木の実一つ、草の葉一枚も大切にして、自然とともに生きてきた。

▶チポロ(筋子)料理

▲鮭は「カムイチェプ(神魚)」と呼ばれる自然からの贈り物

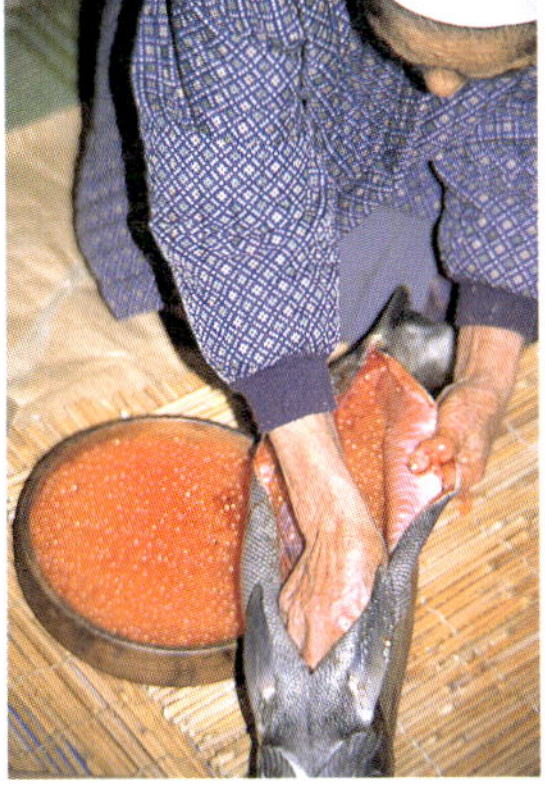

◀(右)チポロをとり出す
◀(左)四季をとおしてたびたびカムイノミ(神々への祈り)が行なわれる

一面の銀世界に干し鮭がまぶしい

神々からの贈り物である食べものは、人間の手が加わることによってさらに価値を増す。鮭やピットク（おおはなうど）は、乾燥させることによってひと味ちがった食べものに生まれかわり、食卓を豊かにすると同時に貯蔵性を増す。

▲アタッ（干し鮭）をつくる

▲アタッ

▶アタッの塩味炊き

▼ピットㇰラタㇱケㇷ゚

▲キナオハウ

▶ピットㇰ(おおはなうど:右)の茎を裂いて乾燥させる

▼春には野草が一面に茂り，大地は自然の畑となる。野草とりはこの季節の大切な仕事

冬にそなえてめぐらす知恵と工夫

北の自然の恵みは豊饒である。しかし、厳しく長い冬に備え、人びとは採取、捕獲物の加工に忙しいひとときを送る。干ものは、冬季の食べものとして重要であり、また食事に変化を与える。あざらしは、肉や皮の利用とともに、その脂がアイヌ独特の料理を生み出している。

▶（左）シタトマ（つるぼ）
▶（右）フレハッ（ちょうせんごみし）
▶（下）プイ（やちぶき）とプクサキナ（にりんそう）の群落

◀あざらしの皮干し

▼あかはらのたたき

▼やつめうなぎ干し

▼小魚の焼干し

▲干し数の子
◀干し筋子

熊送りのごちそうにもなるトマ、ウフトウリ

まつりのなかで、子どもたちも楽しみにしているのは熊送りである。この日のために女性たちはトマ（えぞえんごさくの根）、ウフトウリ（えぞのりゅうきんか）などを大切に保存しておき、まつりのごちそうに加える。

（左上六葉の写真提供　宇田川洋氏）

▲スクスクイペ

▲（上）ウットゥリチカリペ
（下）水にもどしたウットゥリ（えぞのりゅうきんか）

▲ホマカイ

▲ラトゥシペ

▲ムシ

▶かたくりとえぞえんごさくの群落

白《しら》老《おい》

伝統を守ってつくる まつりのごちそう

▲チノイペコタタㇷ゚は熊送りに欠かせない（写真提供　豊原熙司氏）

▲初ものの鮭を盆にのせて神に感謝する

▼晴れた日に魚を干す

▼アイヌのチセ（家）（復元住居，アイヌ民族博物館）

「人間が楽しめば、神もまた楽しい」とされ、まつりには人間と神が一緒になってごちそうを食べ、酒を飲み、歌って踊る。熊の脳みそとほお肉を使ってつくるチノイペコタタプは、熊送りのときだけにつくるごちそうである。

北の大地は食料の宝庫

——山菜・野草・動物たち

山野には鹿やうさぎがたわむれ、春になると山菜が芽吹く。川には魚が群れる。男性は狩りや漁に出かけ、女性は山菜、野草をとるが、アイヌの人々は決して必要以上にとることはしない。

▲◀エント（なぎなたこうじゅ）
（上：干しあげたもの）

▼シケレペキナ（ひめざぜんそう）
（上：さっとゆでたもの。
下：干しあげたもの）

◀▲アハ（つちまめ）
は，春一番に掘り出す

▲ラウラウ（こうらいてんなんしょう）の根茎には毒があるが，球根の部分を焼いたり蒸したりして食べる

◀茎

▼葉

◀プクサ（ぎょうじゃにんにく）の葉はきざんで干し，茎は束にして炊く

▼シケレペ(きはだの実)

▼ヤム(栗)

▼ペロニセウ(みずならの実)

▼ネシコ(おにぐるみ)

▼えぞ鹿。明治のはじめ，官営の鹿肉缶詰工場ができるなどして急速に減っていった

トゥレプ《おおうばゆり》の澱粉のとり方

旧暦の4月を「モキウタ」（そろそろおおうばゆりを掘る月）と呼び，女性たちは採取できる時期を心待ちにしている。（2，5，7の写真提供　静内町アイヌ民俗資料館）

▲トゥレプ（おおうばゆり）

1　おおうばゆりの鱗茎は1枚ずつほぐして水洗いする

2　鱗茎を樽に入れ，まさかりなどでねばり気が出るまでよく搗く

3　どろどろに搗いてから水を加えて1日か2日おき，澱粉と澱粉滓《かす》（繊維質）を分離させる

4　上に浮いた澱粉滓をしぼってとり分けると，樽の底には一番粉と二番粉が残る

5　一番粉は樽の底にこびりついてはがれない。二番粉をざるで漉して別の容器に移す

6　一番粉も二番粉も水に十分さらしてから布の袋でしぼり，日干しにする

7　二番粉のできあがり。食用として保存する

（おおうばゆりの澱粉滓だんご）

オントゥレプの つくり方

オントゥレプは，どこの家でも冬期間の貴重な食料として家中につるしていた。一枚の大きさは家族の人数によって異なる。

1 トゥレプの澱粉をつくる過程で澱粉滓《かす》（繊維質）をしぼりとっておく

2 澱粉滓をふきの葉で包み，3～10日ほどねかせて発酵させる

3 臼に移して杵で搗きつぶしてから，さらによくこねる（写真提供　静内町アイヌ民俗資料館）

4 直径5寸，厚さ1寸くらいの大きさに丸めてまん中に穴をあけ，ひもを通して干す

▶澱粉とオントゥレプのいろいろ。オントゥレプは少しずつきざみ，サヨ（おかゆ）に入れて食べる

▶オントゥレプ入りのサヨ

栽培する植物
——穀物・豆類・野菜

冷害などで栽培作物がほとんど収穫できないときでも、旅人が訪ねてくれば食事をふるまう。いつでももてなせるように、収穫した穀物は大切に乾燥保存しておく。

▲ピヤパ(ひえ)。トノト(酒)の原料としても欠かせない

◀▼メンクㇽ(いなきび)。ひえと一緒に炊いたり，だんごにしたりする

▲アハ(つちまめ)とシアマㇺ(米)とピヤパのチサッスイェㇷ゚

◀ひえを搗く

▲ムンチロ(あわ)。ピパと呼ぶ二枚貝の包丁を使って穂を摘む

◀(右)サラニㇷ゚(かご)。植物の採取に使うほか，乾燥した穀物を入れて保存する
◀(左)とうきび(とうもろこし)も干して保存する

▼ニコㇿマメ（手あり豆）のいろいろ

▼かぼちゃラタㇱケㇷ゚

▶干しかぼちゃ

ピヤパトノト《ひえ酒》のつくり方

まつりのたびに酒をつくる。酒つくりは女性たちの重要な仕事で，静内地方ではフチアペ（火の神）に祈り言葉を述べながら作業する。

1 サケカㇻシントコ（酒仕込み用の行器《ほかい》）とひえを用意する

2 ひえを炊き，人肌くらいに冷ましておく

3 ひえと同量のカㇺタチ（こうじ）を用意し，ひえとカㇺタチをよく混ぜ合わせる

4 まっ赤な熾《おき》を2つ入れ，静かに沈める

5 サケカㇻシントコのふたをしめ，ござを巻きつけてから魔物が近づかぬよう刃物をのせる

6 上部をひもでくくり、鎌をのせる

7 発酵するまでカムイプヤㇻ(神窓)の近くに置く

8 まつりの前日にござを解き、消し炭になった燠をとり出し、炉に返す

9 別のシントコにざるをのせ、酒を漉す

10 できあがった酒

◀カムイノミ（神々への祈り）では，イクパスイ（酒箸）をのせたトゥキ（高杯）とともにシラリ（酒粕）も置く

神々に祈り、先祖とともに生きる

供物は「あの世の先祖の食べもの」で、供物が多いほど先祖は喜ぶといわれる。人々は神々に供えると同じように、先祖にも惜しみなく供物を棒げて食べものを分かち合う。

◀まつりのときは正装する

▲チセ(家)の中の宝棚

▶12月のイチャルパ(祖霊祭)(写真提供　畑井朝子氏)

▲ヘペレアイ(花矢)(写真提供　豊原熙司氏)

◀熊の神への供物(写真提供　豊原熙司氏)

自然に生かされ育まれて

杉村京子

分かちあって食べる

自然の中で、自然を相手に生かされ生きて来た私達アイヌ民族にとって、いま「食」の問題を考える時、この胸の中が圧し潰されそうに苦しくなります。いまは自然のかたちもそして食べる物も、かつて私達を育て生かしてくれた物は何ひとつとしてありません。

どこに行ってもそれは国有林であり民有林であって、私達は出入りする事を禁じられています。それでも私は、昔母達と一緒に食べた物がどうしても忘れることが出来ず、その季節になると営林署で入山許可証をもらって山に入れてもらいます。そして少しだけ頂いて帰ります。それを料理すると、かつての日の味を忘れることが出来ずにいる私達の先輩や、その味を覚えてもらい次の世代に受け継いで欲しい若い人達を招いて一緒に食べます。

私達アイヌはどんなにおいしい物でも、それがほんの少ししかない大切な物でも、一人でこっそり食べるという習慣はありません。

かつてアイヌ民族のなかに「独酌《どくしゃく》」という習慣はありませんでした。酒が手に入ると、必ず先祖の霊に報告してから一人でも多くの人を招いて、それがたとえ盃一杯ずつでも分け合ってのみました。それは多くの記録にも残っている事です。

こんな習慣を受け継いで育って来た私ですが、いつかひっそりと一人でお茶漬けを食べている自分に気づき、はっとすることもあります。

食べ物は神からいただいたもの

私達が雪解けを待っていち早く採りにゆく山菜は「蕗《ふき》のとう」で、次は「アイヌネギ」、そして「やちぶき」と続きます。蕗のとうはあくを抜いてお汁の実にして、あとは干して冬のためにとっておきます。アイヌネギもやちぶきもすべて同じですが、アイヌネギに限り小さく刻んで干します。あくを抜く時は決してゆでません。真水に二、三日晒しておくのです。夏になるのを待って、今度はやちぶきの根を採りに行きます。これは澱粉が多く含まれていますが、難を言えば少し苦いことです。でも私はこれをゆでて油をつけて食べると、苦味がほどよく油にとけ合って、ついどんぶり一杯食べてしまいます。

あとは蕗です。これも食べて残ったのは冬のために乾燥させます。蕨《わらび》やうども同じです。病人がいて採りに行けない人の家の分も必ず山から頂いて来ます。

なんといっても一番収穫の多いのは秋です。「しころ」(きはだ)の実は一年中の食べ物ですが、これは胃や腸の薬としてどこの家庭でも絶対に欠かせない大切なものです。それから「うばゆり」の根もまた大切な食べ物の一つです。

またアイヌの人達は鮭のくんせいを必ず作ります。魚は鮭に限らずどんな魚でもくんせいにして一年中保存しておきます。これは動物性たん白質として欠かせません。また熊の肉や鹿の肉もとにかくいま食べると、そのあとは必ず冬のためにくんせいにしておくのです。もちろん内臓も捨てる物は何一つありません。残らず干して保存しておくのです。

私達アイヌは、川に魚を獲りに行っても熊を撃ちに行っても、一頭いればその一頭だけを撃ち、傍に何頭いても決して撃ちません。魚の場合もその通りで、必ず船に八分目で戻ります。根こそぎ獲るなどということは決してしません。

これもまた獲りに行けなかった人に必ず分けます。これは、私達は食べる物はすべて神から頂いていると考えているので、自分一人のものではないのです。いま自分に必要な物だけを頂いて帰るのです。神に生かされている者としての、それは最小限のマナーでもあるのです。

私達は山菜を採りに行っても、その場所で処理して根はその場所に必ず戻して来ます。それは次の年のためです。そんなこともすべて今は昔の夢になってしまいました。悲しくて、くやしくてなりません。

栖《すみか》を追われた生き物たちに思いをいたして

私は先年乳ガンになり、乳房が一つしか残っていません。アイヌの私がなぜガンかと泣きました。私達の祖先はそのほとんどが老衰で眠るようにして終の日を迎えました。母や祖母から教えられ伝えられて来た通りの食べ物を食べていれば、こんな業な病気にもかからなかったのにと後悔しています。

といっても昨今は食べる物は言うに及ばず、着る物、そしてパーマをかけにいっても発ガン性物質の含まれていない物がないといいます。最近私の家の近くに狐が出て人家に被害を与えているとききました。しかし、彼らの栖を奪ったのは一体誰でしょうか。先日近くのゴルフ場に雷が落ちて、その一角が崩れ落ちたと騒いでいました。小さな球一つを追いかけるために平気で自然を破壊しています。そこに生きている生きもの達のことを考えたことがあるのでしょうか。

自然の中で、自然を大切にしながら神と共に生きた私たちの祖先、そして今を生きる私達の姿に、この栖を追われた生き物たちのおもいをいつか重ねている私です。

（すぎむら・きょうこ　民芸品製造販売チカラペ舎主、
旭川市在住　一九九二年記）

青森

津軽の美田、南部の畑作、三方海の青森の食

江戸時代の津軽は、一大米作先進地帯でした。

「当国は米たくさんなる国にて百姓麦飯を食わず。まして雑炊などは如何様のものとは知らず……」。『津軽見聞記』の著者はこのように記しています。

秀峰津軽富士の別名をとる岩木山。そのすそ野に広く開けた津軽平野からは、豊作時、じつに六〇万石余のお米がとれていたのです。

それだけではありません。亀ヶ岡遺跡の存在は、はるか縄文の昔からこの地に稲作があったことを推定させているのです。その数千年の伝統は、「津軽の借子《かれこ》（雇人）、毎度の食事に白米飯を要求す」といわせるほど潤沢な米の消費を保障していました。

人びとは、「何もないが飯だけは腹いっぱい食べてけろ」といい、〝炊きたての飯に筋子〟は、それこそ日常茶飯のことでした。炒りごまをよくすって、もちとうるち半々の米といっしょに炊いたごま飯《まま》は、黒光りして、つやのあるふっくらとしたごはんとなり、ごまの香りと適度の油っこさは、子どもたちが何杯もおかわりをねだるおいしさです。

津軽では十二月のことを〝数え月〟といいます。毎日のように日を数え、神祭りをしてもちを供えるのです。十二月一日のお岩木さまに始まり、五日のえびすさま、八日の薬師さま、九日、大黒さま、十日、稲荷さま、十二日、山の神さま、十五日、八幡さま……と暮れまで、毎日のようにもちを搗いて神さま、仏さまに供えるのです。お米が潤沢で、かつその恵みに謙虚さを失わない津軽の人びとならではの行事の数々です。

津軽平野には津軽の母岩木川をはじめ一三の川が流れています。これらの川からは、あゆ、鮭、ます、かじかなどがとれ、飯ずしにして米の食べ方をさらに豊かにいたしました。一三の川が集結する十三湖からはしじみが

豊富にとれ、津軽の人びとの朝餉《げ》の食欲をそそります。

津軽――その、暗い雪に埋もれて冬をすごすイメージからはほど遠い、明るく行動的な行事が多いのもこの地の特色です。お岩木さまへの集団登拝やねぶたは、その象徴です。お米の豊かさを背景にした、根の明るい津軽人気質といえましょうか。

津軽がお米の国なら、南部はあわ、ひえ、麦、じゃがいもの王国です。

〽南部よいとこ粟飯、稗《へ》飯、のどにひっかからまる干し菜汁

南部の人たちは、この干し菜にひえ飯を〝医者殺し〟といい、健康にたいへんよい組み合わせであることを知っていました。新鮮ないわしの焼きたてには、粘っこい白米飯より、ほどよくぱっさりしたひえ飯のほうがはるかにおいしい。そんな取り合わせの妙も知っていました。

下北や上北は、北海道に次ぐじゃがいもの産地です。明治半ばから盛んになったじゃがいも栽培は、この地からケガジ（飢渇）を一掃しました。

生いもはごろ煮、塩煮、鉢巻き、おづけばっとに、くずいもからはいもの粉をつくり、いももち、ばおりもち、じゅねもち、いもはっととして食べました。同じくくずいもから澱粉をとってつくる湯のこは、ヤマセで冷えきった梅雨《つゆ》どきの田の草取りの体を芯から温めてくれたものです。

青森にはもうひとつ、海という貌《かお》があります。三方を海に囲まれ、魚貝、海草がいつでも豊富に食べられます。

八戸のいちご煮は、うにとあわびを醬油と酒少々で味つけした、みた目にも上品な天下一品のお吸いものです。

そして、じゃっぱ汁。陸奥湾のたらは、産卵のために来るので脂《あぶら》がのってとってもおいしい。そのたらを、人びとは雪の上を引いて歩き、身をしまらせることによってさらにおいしくして、様々な料理に供しました。たらは捨てるところのない魚で、身は刺身や焼き魚に、たらこは塩漬やこあえに、たつ（しらこ）はたつ汁に、そして頭やあぶら（内臓）、中骨、えらはじゃっぱ汁に。冬は何といってもじゃっぱ汁だと、人びとは何杯もおかわ

りして体をぬぐめたのです。

ねぷたの国青森。お岩木さま、恐山の信仰の国青森。田と畑と海の幸を生かし、深い感謝の念で育んだ陸奥の国の食事をお届けします。

津軽と南部　青森の食事

青森県は、津軽と南部という、歴史も風土も文化もきわめて対照的な二つの地域からなるが、ともに長く中央勢力の圏外にあったため、独自の文化を形づくってきた。そして、岩木山信仰や恐山信仰など民間信仰も盛ん。

津軽は米、南部は畑作、三方は海に囲まれた魚の宝庫と、食べものを生み出すすべての基盤――海、山、川、田、畑を持ち、独特の食文化圏をつくっている。

岩木山と津軽平野

たらをさばく（平舘）

干し菊をつくる（三戸）

干しもちをつくる（弘前）

そば畑と釜臥山
（東通村から望む）

津軽の食

岩木山、岩木川、十三湖と、田をうるおす条件に恵まれたこの地は、亀ヶ岡遺跡にみられるように、古く縄文末期から稲作が行なわれていたと推定されている。

江戸時代当初から相次いだ大規模な新田開発は、この地をして本州最北の一大穀倉地帯たらしめた。

岩木山神社の七日堂神事

岩木山麓の米どころ りんごの国の食

お盆のほかい料理（はすの葉にのせる）

おしらさまの膳

彼岸だんごをつくる

婚礼の膳

行事食が多く、ごままや、もち色で色鮮やかにつくる干しもちなど、多彩な米利用が発達している。

ふきどりもち（左）とけの汁

黒豆おこわ

おやき（左）となべすりもち

ごまままま（左）と栗入りごまままま

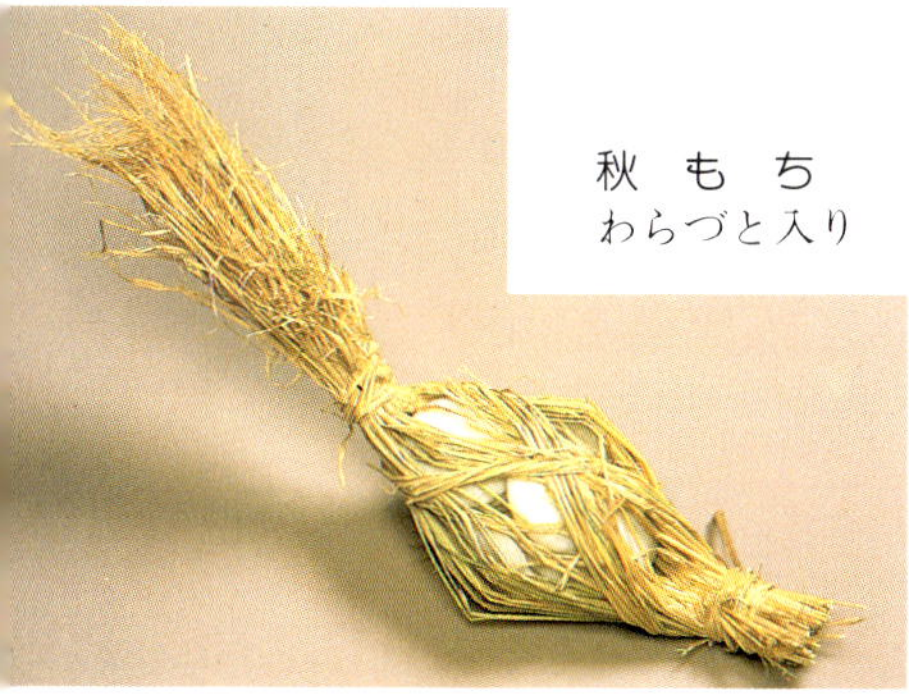
秋もち
わらづと入り

編み終えた干しもち

しとぎ
いろりで焼いたもの

彼岸だんご

津軽の日常食

「津軽の借子《かれこ》（農家の雇人）、毎度の食事に白米飯要求す」とか、「炊きたての飯にすじこ」といわれるように、津軽の日常の基本食は白米飯である。これに深浦、鯵ヶ沢などからくる魚類を、冬はすじこ、春はにしん、夏はかれいといったぐあいにつけて食べる。

冬の朝食　白米にすじこ

春の昼食

秋の昼食

夏の夕食

田植えのときの昼食
ごはんは白米飯とおこわのにぎり。おかずは（左から）豆もやし、煮豆、煮しめ

深浦の食

深浦は鯵ケ沢とともに藩政時代から栄えた港町。昔から漁、農、林の各業を兼営し、北海道や樺太にも出稼ぎして暮らしを立てている。にしん、いわし、はたはた、いか、鮭、かとう等々を、魚問屋を通じて津軽各地域に届ける供給地となっている。

岩のりとり

いかのすし

てってい(うまづらはぎ)のすし

すし桶から鮭のすしをとり出す

干し魚　するめ，鮭，たら

東部の食

陸奥湾とこれに続く津軽海峡に面した沿岸一帯は外ヶ浜と呼ばれ、津軽半島で最も古くから開けたところとされている。一番多くとれる魚はたら。そのじゃっぱ汁は、北海道松前地方の三平汁の祖ともいわれ、津軽、南部を通じた青森の代表的料理の一つである。

関西や北陸の交易船が寄港してにぎわった今別は、こんぶをはじめとする海草の宝庫である。

御《お》船《ふな》霊《だ》さまの膳

秋の夕食
たらのはしりのじゃっぱ汁

秋の昼食

秋の朝食

干しわかめつくり

軒下に干してあるごんだら(左)とかわはぎ

こうなご漁

津軽半島

「魚食えば腹すがねえ」

かわはぎ，しまだいなどのすしをとり出す

たらのじゃっぱ汁

平舘海峡をへだてて下北半島を望む

たら料理のいろいろ
(上左から)にんじんのこあえ，ともあえ，刺身
(下左から)たらこの塩漬，じゃっぱ汁

かながしら料理３種
(左から)味噌煮，塩焼き，白煮

いわし料理三種
(左から)ぬか漬いわしの焼き魚、酢じめ、かまぼこ（すり身）

かんぴょうをけずる

じゃがいもを使った料理　(上左から)ごろ煮，はちまき，塩煮，煮っころがし，(中左から)ばおりもち，じゅねあえ，はっと，いももちまんじゅう，(下左から)小豆けっこ，へちょこもち，おづけばっと，いも汁

大豆を使った料理
(左から)ごせかす（おから)，豆もち，ずんだ汁，豆しとぎ

三平汁４種
(上左から)鮭三平，塩辛三平
(下左から)いわし三平，いわしのおろし三平

炭すごを編む

小豆の収穫

下北半島の食

雑穀といもに生かした食の知恵

本州の最北端に位置する下北半島は、またヤマセ（夏の冷たい偏東風）の常襲地でもある。明治期に作付けがふえたじゃがいもは、ヤマセに打ち勝つ食をこの地に築き、あわ、ひえとともに下北の食の土台となっている。凶作をよけ豊作を祈願するさまざまな行事とその行事食が多いのも、特色である。

また、どの村も海が近いため、多くの農家が漁業との兼業で、三平汁は日常の代表的な献立となっている。

もち搗き踊り

春の行事にはもちがつきもの

（上左から）彼岸だんご，三角もち（４月８日），（下左から）笹もち，べこもち（５月５日）

大正月の年取りの膳

夜酒盛り（処女会の秋仕舞い）の料理

下北半島の日常食

しばしば冷害に見舞われる下北地方の主食は、ひえ飯、いも(じゃがいも)、かぼちゃなど。それに陸奥湾、津軽海峡、太平洋岸の魚が季節をいろどる。ひえ飯に焼きたてのいわしやにしんのとり合わせは、白米飯では味わえない独特の味だ。

にしん漬(上左)といもかつけ
下はねぎ味噌

夏の夕食
(上左から)大菜の漬物, なす焼き, みょうが
(下)ひえ飯, ゆうがおの味噌汁

春の夕食
にしんの焼き魚, 赤かぶの漬物, ひえ飯, あざみの味噌汁

冬の夕食

(左から)かぼちゃけっこ, 煮あえ, いわし三平, たくあん漬

秋の夕食

(上)いかのごろ煮, きゅうりの一本漬
(下)ひえ飯, けのしろ(けの汁)

南部〈三戸〉の食

五穀と根菜を命の糧として

水車での粉ひき

ひえしま

岩手県北に接する三戸地方は、ひえ―麦―大豆の輪作を軸にした山沿い畑作地帯である。せんべいかやぎ、生《しょう》ふけもちなど麦料理が数多くあり、また食用菊の利用も盛ん。ごはんやもち、野菜にごまを使った料理が、味に奥行きを与えている。

菊料理の数々
(上左から)煮あげ，漬物
(中左から)酢あえ，なます
(下左から)くるみあえ，からしあえ，味噌汁

ごま利用の料理
(上左から)ささげのごまあえ，ごぼうのごまあえ，きゅうりもみ
(下)ごまだれもち，ごま飯

くるみ利用の料理　(上左から)こんにゃくとわらびのくるみあえ，くるみもち，味噌大根とくるみのふりかけ，(下左から)菊のくるみあえ，青菜のくるみあえ

せんべいかやぎ

南部〈上北〉の食

あわ、そばを地の恵みとして

青森県を東西に二分する八甲田山系を西に仰ぐ上北地方は、あわ、ひえ、そばを三大穀物とする。なかでもそばは、もちにだんごにそばかきにと、さまざまに料理される。山に近いため、山菜、きのこも豊富である。

石臼でそばをひく

夏の昼食(あわ飯)

そば料理のいろいろ
(上左から)串もち，いびきりもち，そばだんご，串もち(ゆでたもの，くさにんにく味噌つき)
(中左から)草もち，汁だんご，てこすりだんご，ゆもち(くさにんにく味噌つき)
(下左から)そばけもち，そばかき，そばぎり

あわのいろいろな食べ方
(左から)もちあわの寒もち，あわもち，あわ飯

そばの串もちを焼く

しどけをとる

春の山菜
(左から時計回りに)こじゃく，うるい，ぼな，しどけ，くさにんにく，みず，さんばえな

きのこなます

漬物いろいろ
(左から時計回りに)味噌大根，大根のぬか漬，赤かぶの塩漬，ふきの塩漬，がしいもの塩漬，ちょろんこの塩漬，高菜の塩漬，山東菜の塩漬，がっくら漬
(中左から)大根と身欠きにしんの塩漬，きゅうりの塩漬

2人でかすぺ(えい)をこしらえる

ぎんぼ料理四種
(左から)干しだらとの煮つけ，油炒め，味噌汁，酢味噌あえ

南部〈八戸〉の食

半農半漁で暮らしを立てる

海の幸の汁ものいろいろ
(左から時計回りに)かに汁，きく汁，どんこ汁，まつぼ汁，ふのり汁，くじら汁
(中)いちご煮(うに，あわび，しその葉，ねぎ)

いわしの千本つっつき

ひきこんぶと身欠きにしんの煮つけ

たらの干ものと野菜の煮つけ

岩のりのつくだ煮

まろごとり

海草のいろいろ

(左上から)てんぐさ、ふのり、のり(ざるの中、左から時計回りに)だしこんぶ、わかめ、ほそめこんぶ、ざるめこんぶ

浜 小 屋

いろりで魚を焼く

階上《はしかみ》は漁業が主の半農半漁地帯。いわしをはじめ、どんこ、すい（そい）、きろきろ、あぶらこ（あいなめ）、いか、ひらめ、さばなど、その日とれた魚をいろりで焼き、日々の食卓をにぎわす。

ひえ飯に干し菜汁を「医者殺し」といい、ひえ飯にいわしのおかずがあれば、米の飯よりずっとおいしいという。ときどき食べるうにどんぶりの味はまた格別。魚とひえが互いに引き立てあう南部海岸畑地帯の食文化がここにある。

夏の昼食

夏の朝食

漁師の年取りの膳（10月20日）

夏の夕食

多彩なじゃがいもの利用

青森は北海道に次ぐじゃがいもの産地で、単に「いも」といえばじゃがいもを指す。とくに下北、上北地方に多く、下北では「もち」といえば、おもにいももちのことである。凍みいも、かんなかけいもを粉にしたもの、澱粉でつくる数々の料理、食べ方がある。

じゃがいもの澱粉を干す

かんなかけいも（左）と凍みいも

へちょこもち

ねもち

ばおりもち（上）といももち

いももちのじゅね味噌あえ

ばおりもちをつくる

青森の食とその背景

米どころ津軽の秋——棒がけの稲と岩木山（弘前市郊外）

一、日本の中の青森

——青森の食の特徴

1、自給型食生活の原点

昭和初期、全国的視野から青森県をみると、隣県の岩手・秋田両県とともにいわゆる農業県であり、その実質も共通している。それは、自給型食生活という点である。

農業県の名のとおり、昭和に入ると、農地の拡張、耕作技術の改良が進められて生産が督励され、昭和四年には農産物の生産価格が産業全生産額の四六パーセントを占めるまでになっている。

そば		馬鈴薯	
作付け反別	収穫高	作付け反別	収穫高
反	石	反	貫
5,258.6	**46,081**	**4,816.1**	**13,331,602**
2.5	30	5.0	10,000
—	—	14.5	51,130
137.5	1,513	115.3	368,960
135.1	1,389	520.9	1,367,330
102.4	1,097	240.5	432,520
199.5	1,873	144.2	618,798
54.9	432	326.5	1,134,955
21.9	213	325.5	838,166
1,701.5	14,815	1,976.1	5,183,995
311.7	2,708	639.3	1,777,960
3,591.6	22,011	508.3	1,547,785

(『昭和5年・青森県統計書』より)

その農産物の首位を占めるのは米で、同年の生産高は一一五万六〇〇〇石、穀類総生産高のじつに七七パーセント、価格では八七・二パーセントに当たり、この年の新潟県の八一・四パーセントを超えている。青森県が農産物に頼り、それも米一辺倒である実態がうかがわれよう。

農産物では、米のほかに青森県の特色として果実のりんごがあり、同じく昭和四年の収穫高は一八〇二万貫で、これは大正期の平均収穫高の三倍を超える躍進ぶりである。したがって〝青森りんご〟は全国的に知られるようになり、各地に移出される盛況をみた。

米やりんごの多収穫が農家の生活をうるおしたのは、その主産地である津軽地方のことである。津軽の農家は、農産物の代金で衣類や生活必需品をととのえることができるが、南部地方は畑作農業が中心で、農業収入は津軽に比べて低いのはやむをえない。食生活も米以外の雑穀やいも(じゃがいも)を主とする自給農作物に、山菜や海の漁獲、海草類が活用されている。

要するに、自給を主とする毎日の食生活の中に季節感を盛りこみ、晴れの日の感覚をとり入れ、そのうえ、長い冬の間のための貯蔵のしかたを考える経験と知恵が、伝統の食生活の体系をつくっているのである。

2、雑穀の占める比重

北国の気象的条件が、青森県の農業生産を著しく制約する。津軽の穀倉地帯は別にしても、全体に水田耕作に適性

青森県内主要農産物作付け反別・収穫高

	水稲・陸稲		大麦・小麦		あ　わ		ひ　え	
	作付け反別	収穫高	作付け反別	収穫高	作付け反別	収穫高	作付け反別	収穫高
	反	石	反	石	反	石	反	石
昭和5年	**69,114.2**	**1,305,433**	**6,140.0**	**77,949**	**5,786.3**	**71,628**	**5,922.3**	**95,475**
弘前市	34.2	1,058	—	—	0.2	0.4	—	—
青森市	280.8	6,054	—	—	—	—	—	—
八戸市	460.5	8,385	504.6	8,063	157.6	2,049	650.2	13,654
東津軽郡	8,103.6	146,954	23.0	189	59.1	501	6.4	74
西津軽郡	11,260.1	216,440	2.6	35	33.4	364	1.6	17
中津軽郡	6,335.3	141,879	1.2	14	70.3	1,047	—	—
南津軽郡	11,642.7	267,164	0.9	11	34.6	272	4.0	53
北津軽郡	11,008.5	201,540	0.4	4	25.5	251	9.6	125
上北郡	10,506.6	152,578	1,234.4	18,881	2,283.2	24,264	1,529.0	23,553
下北郡	1,947.8	28,783	8.4	96	133.2	1,624	75.7	1,559
三戸郡	7,534.1	134,598	4,364.5	50,656	2,989.2	41,252	3,645.0	56,440

を欠く寒冷地域が多く、これと水田の乏しい山間部では、昭和初期でも常食は米以外の雑穀が中心で、具体的には、あわ、ひえを主体に、そば、麦、いもの類である。

昭和初期は、全国的にも各地の農山漁村では多く雑穀を主食としており、青森県だけの現象ではない。しかし、このころから国内、県内とも米の流通が盛んになり、日常でも米の混食が望ましいものとして、米の割合がしだいに増加する傾向になっている。

雑穀に米を混ぜる割合が、暮らしの水準をはかる目安となってくると、たとえば漁家の女たちが干し魚や海草を農村に運んで、いささかの米と物々交換したり、まずいのは承知で輸入米の買付けをする食生活に変わってくる。

次に『日本農業年報』第六号に、昭和九年十一月に青森県警察が、県下農村の主食物について調査した状況がある（池田弘子「食習の変革」『民俗学新講』昭22所収）。

すなわち、東津軽郡一七、北津軽郡四、上北郡一二、下北郡四、三戸郡一〇、合計四七村を対象とした報告で、生活程度を上・中・下に分けて常食の実態を示している（以下数字は村数）。

●上の生活家庭
1、米食のもの　八
2、米とひえかあわを等分　一二
3、米三分とひえかあわ七分　一五
4、米と麦等分　一二

●中の生活家庭
1、米三分とひえかあわ七分　九
2、米一分とひえかあわ九分　一三
3、米の微量とひえ、馬鈴薯の混食　二一
4、あわ、ひえ、そばの混食　四
●下の生活家庭
1、馬鈴薯、かぼちゃ、大根菜の混食　三九
2、麦、あわ、米の微量と大根、かぶ、かぼちゃの混食がゆ　一八

ちなみに、昭和九年は東北地方が凶作で、「その影響もこの表に多少は現われつつあるであろうが、むしろ恒常的な姿であるとみてもよい」

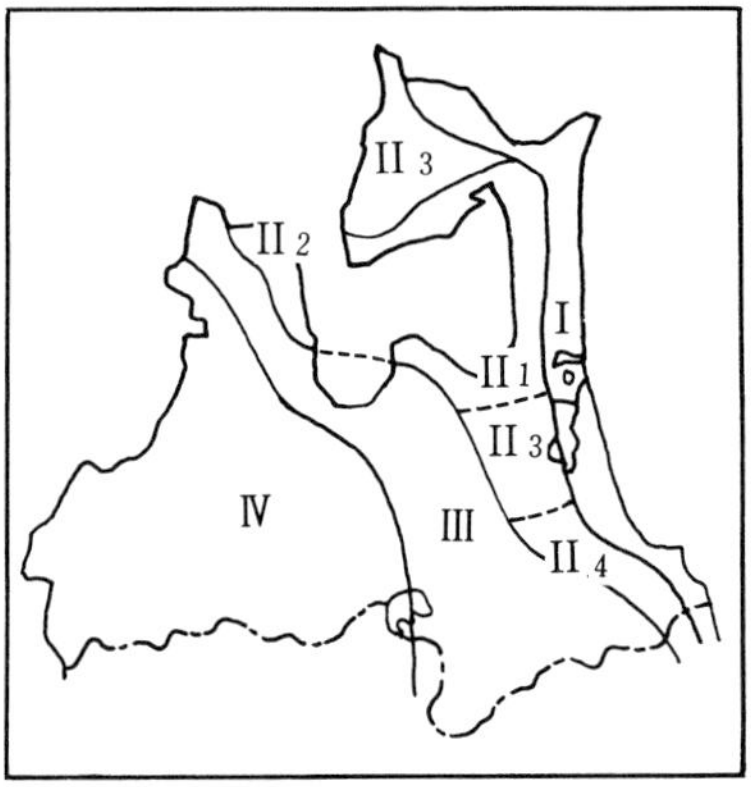

区分	ヤマセの影響程度	範　　　囲	
I	著しい	太平洋沿岸地帯(海岸から5～10kmまで)	海霧の進入の著しい地域
II 1	やや著しい	田名部，横浜，野辺地	
II 2	〃	蓬田，蟹田，平舘	
II 3	〃	七戸，藤坂	
II 4	〃	五戸，尻内	
III	弱い	三厩，蓬田，野辺地，七戸，藤坂，五戸，尻内を結ぶ線の南西側	
IV	きわめて弱い	奥羽山系以西の地帯	

（『青森県農試八十年史』より）

と同報告に注記されている。この恒常性を必ずしも否定できないことは、本書各地域の内容とも符合する点が少なくないからである。

3、大きな地域差

青森県は大きく南部と津軽の二つの地域に分けられる。これは行政上だけでなく、風土的にも歴史的にも、産業、文化のうえでもきわめて対照的な意味をもつ。

まず南部地方の農業の特性は畑作地帯ということである。もちろん水田がないわけではない。しかし、太平洋に面した広大なこの地域が、昔から水田耕作に不適だったのは、いわゆるヤマセが最大の原因である。

ヤマセは毎年五月から八月にかけて、オホーツク海の冷たい高気圧がもたらす偏東風で、岩手県三陸沿岸から青森県下北半島一帯にかけて、くり返し襲ってくる。

ヤマセが吹きはじめると、空は曇り、霧雨が絶えず降りこめ、気温は五度から一〇度も低下する。当然稲の生長は止まり、出穂がなく、秋を迎えて立ち枯れのまま凶作になる。

南部地方の農村の歴史には、悲惨なけがじ（飢渇）のページがあまりにも多い。「けがじは海からやってくる」というのは、このこと

である。

昭和の初期まで、伝来の畑作に頼って生業を営んできたのが南部の農民である。下北地方は田があっても稲を植えず、ひえ田ばかりである。そして、畑作によるひえ、あわがおもで、それにそば、いもが食生活を支えているわけである。

一方、津軽地方は、考古遺跡から稲作が立証されており、中世以降も地方豪族によって、南津軽、中津軽にかなりの開田があったと推定される。

続いて、近世の津軽藩による大規模な新田開発事業で、現在の西津軽、北津軽にわたる広大な沃野が開拓され、多数の集落形成に成功した。水稲耕作が確立し、良質米の生産が増大して、南部地方と全く対照的な稲作地帯が形成されたのである。

津軽の稲作にも、自然の障害がないわけではない。ヤマセは太平洋沿岸から西に抜けて、陸奥湾沿いの津軽半島東部一帯に被害をもたらす。後ろに山を背負った沿海村や奥まった山村では、わずかの水田に頼れず、畑作の雑穀に自給をつなぐ。

津軽の中心部弘前盆地は、西にそびえる岩木山という障壁の恩恵をうけて、穏やかな気候のなかで農民は豊かな沃土を耕し、常食に米飯を欠かさない。また明治八年に移植したりんごの栽培に成功し、米とともに青森県の基幹産業にまで育てあげている。

4、沿岸漁業

青森県は東に太平洋、西に日本海、北は陸奥湾、津軽海峡と、三方が海に囲まれている。したがって、魚類や海草など豊富な海産物に恵まれた漁業県でもある。

その主体をなすものは、沿岸漁業である。定置網にかかる魚群を待ち、浜から漁火《いさりび》の見える沖合でいかをとり、磯舟でこんぶやわかめを刈りとる。単純で効率の低い漁業経営である。

それでも、明治の末から大正初期にかけては、いわしの漁場で知られた八戸沖はもとより、日本海岸でもにしんやいわしの豊漁でわいた。また、陸奥湾を抱く津軽半島東部や下北半島西端部の漁村では、冬のたら漁の好景気でにぎわった。

しかし、昭和になって魚影は遠ざかり、浜はさびれて半農半漁の生活をしている。男たちの北海道漁場への出稼ぎが毎年のようにくり返され、ほぼ定着しはじめている。

二、南部地方の食生活

1、雑穀中心

南部地方の民謡に〝南部の殿さま、粟飯稗飯、のどにひっからまる干し菜汁〟という文句がある。殿さまでもあわ飯やひえ飯だと歌う庶民感情は、自嘲的とはいえ、食生活の実態に結びつく。

この地方では「あわ飯に干し菜汁」といえば、似合いの食べもののたとえに使われ、「ひえ飯にいわし」は、庶民の喜ぶごちそうになっている。

三戸郡では、春から秋まではひえ飯で、秋から冬中はあわ飯になる。そして、麦は夏分にとれるので、ひえを食べ終えたあと、あわの収穫までのつなぎになり、大豆が村の経済に大きい比重を占めるなど、雑穀それぞれの位置づけも示している。

南部では「しかたなしの米飯」というたとえがある。米はなるべく消費したくないが、節日だからしかたなしに米の飯を炊く。そして大切な米は、家の一番奥まった場所にしまっておくのである。

事実、米は盆か正月、または神を祭るときのほかは食べない。日常はあわやひえだけのいわゆる「そっつら飯」がふつうだが、米を混ぜても、あわかひえの二升に対してわずか一合ぐらいしか入らないのである。下北郡の山村では、一戸で一年に米は一俵と食べないので、一日平均一合の割になるわけである。

農家でも余裕のある家では、子どもや年寄りのために米の飯を炊くことがあれば、これを家族の食べるかで飯と区別して、べつなべ（別鍋）と呼ぶ。米は特別な扱いをするものであることがわかる。

三戸郡では、産人《さんと》に出産後すぐに生米をかじらせ、これを「ちからごめ」という。米にはほかの穀物にない活力がこもっている、という観念があるわけである。

2、粉食の工夫

雑穀中心の乏しさを補うために、野生植物のわらびやゆりの根から澱粉をとり、いものはな（澱粉）なども食糧にする工夫がなされている。

それとともに、粉食の多様化も考案している。下北地方を含めて、粉の打ちもの、こねものが年中の食事にみられる。そば粉や麦粉（小麦粉）を打って汁に入れて食べる、はっとうの類。麦もち、麦の酒まんじゅうをはじめ、もちにいたっては多種多様であるが、そのほとんどが米のもちではない。

すなわち、そば粉をこねたそばもち、ゆもち、いびきりもち、草もち、かぇばもち、澱粉でつくるいももち、ねもち、もちあわで搗く三月三日の鬼舌もち、角っこもち、五月五日の笹もち、べごもちなどがある。

十一月に入って、農家の収穫を祝う秋仕舞いのごちそうであるけいらんは米の粉もちで、十一月二十三日大師講のへちょこもちも、米の粉でつくる。

3、下北のじゃがいも

青森県で食糧の「いも」とだけいえば、もっぱらじゃがいものことである。青森県のいもの産額は北海道に次ぎ、主産地は、夏の冷たい風を受けやすい上北郡の北部から下北郡にかけての地帯で、寒冷作物の適地だからである。

　下北の食生活では、いもの利用が目立つ。初夏の田植えどきに食べるこびり（小昼）に、いももちが出る。もちといっても、いもの粉のもちである。いもの粉のまんじゅう、ばおりもちなどもそうである。

　主食では、いものごろ煮、煮ころがし、それにいも汁。汁に入れて食べるおづけばっとといって、同じ南部でもほかの地方では麦粉やそば粉でつくるものを、下北では、いもといものはなで代用するのである。

かやぶきの浜小屋
浜でのいろいろな作業の拠点。昭和８年の大津波で八戸地方の浜小屋はほとんど壊され，今ではこの階上町大蛇地区に数戸を残すだけとなった。

三、漁村の食生活

漁獲物の出荷と小魚の保存食

　下北半島の北部海岸は、昔から海草が豊富である。北端の尻屋では、こんぶ、ふのり、わかめで一年の生計を支える。「いつ、このこんぶがなくなるだろうと思う」というほど、浜にこんぶが余ることもある。乾燥させて田名部《たなぶ》の仲買いに売り、それを大阪商人が買いとる。

　沿岸漁業の魚の種類は限られており、陸奥湾の冬のたら、なまこは、郡内と津軽まで売りに出される。「ひえ飯にいわしの三平汁」はここでも庶民のごちそうである。にしん、いか、ますの類は、ぬか漬、飯ずし、塩辛に加工して貯蔵する。

　陸奥湾という豊かな漁場の西側になる東津軽・上磯の漁村でも、下北と事情はあまり変わらない。家族の食べ料としては、たらの白煮、三平汁、ともあえ、塩焼きなどだが、たらの水揚げの大部分は、青森の魚市場に売って金にかえる。

春はいわし、こうなご漁だが、いわしは塩焼きで食べるほかに塩ぬか漬やすしにして、春から夏にかけての副食にする。いわしの焼き干しづくりは、かなりな副業である。秋のいかもすし漬にして、翌年の田植えどきのごちそうにする。にしん、さめ、海かじかなども、みなすしに漬けて保存食にする。

ところで、上磯漁村の主食はいもとかぼちゃで、米は盆と正月だけ。春から秋までの労働期間は、麦を買って麦飯が主である。それも、いもの塩煮を腹いっぱい食べたあとの補いにする。広東米《カントン》も買って食べるが、においがしてまずい。

四、津軽の食生活

1、米　飯

南部衆が、津軽では毎日米の飯を食べていると聞いて、びっくりしたという話がある。たしかに津軽は米の主産地であり、その恩恵は日々の米飯である。

南部では先にあげた「ひえ飯にいわし」がごちそうの代名詞だが、そんな場合、津軽では「炊きたての飯にすじこ」という。また津軽の農家が来客をもてなすあいさつは、「何もないが飯だけは腹いっぱい食べてけろ」である。米を基準にしたときは、同じ県内でも両地域の生活にはきわだった対比があるのもやむをえない。

弘前地区では、日常ほとんど白米飯が出てくるが、これは津軽の米どころの農村部と、弘前のような町方の食生活である。同じ津軽でも漁村の事情は前項に述べたとおりであり、耕地に乏しく水の冷たい山間部の集落では、かで飯が主食である。

弘前市から西南七里の中津軽郡砂子瀬《すなこせ》では、常食はあわ七分に米三分の混食である。近くの山すそに大きなあわ畑があり、秋のあわ刈りには二〇日もかかるほどである。一年にあわ一五俵、大豆五俵、小豆三俵が食糧の基準になり、これに混ぜる米は、男たちが山で焼いた木炭を、女たちが三里下流の田代村に運んで売り、その金で買ってもどるのである。

北津軽郡の漁村、小泊《こどまり》でも、夏に新田地方の農村から借り米をし、秋のいか漁で返金する。小泊の女たちは、こんぶの粉やわかめ、えごてんなどの海草を背負って新田地方の農村に行き、農家の主婦たちの隠し米と交換する。ほとんどがくず米で、虫のついた米でも、だまって受けとらねばならない。雑穀を常食にする漁民にとって、それほど米の魅力は大きいのである。

小泊から海岸に下った下前《したまえ》集落も、水田のないところである。高い山ぎわに畑を開いて、あわ、麦、そばを収穫する。にしんが浜に揚がると、新田の農村から米を運んでくるが、一度に買う量はせいぜい二斗ぐらいでしかない。

暮れから正月の間中，さまざまな行事が行なわれる
下北郡東通村大利地区で正月15日に奉納される能舞。豊作を神に祈り，神とともに晴れ食をいただく。

2、行事食

米の豊かさもあって、津軽は三正月（大正月、小正月、二月一日）のもち搗きはもとより、節句や神祭りには必ずもちを搗いて供える。町に住む者からみると、農家ではいつももちを搗いているようにも思われる。

とくに、百姓の節句といわれる九月二十九日、その前日には、田の神上りの祭りに供える新米のもちを搗く。これを秋もちと呼んで、村の親類はもとより、町方の知人に配り歩いて、出来秋をともに喜び合うならわしがあり、これを「秋もち回し」と呼ぶ。

十二月に入ると、神々の年取りといって、各家で毎日のように神祭りをして、祝い膳を供える。収穫感謝の祭りだが、一日はお岩木さま（岩木山の神）からはじまって、五日えびす、八日薬師、九日大黒、十日稲荷、十二日山の神など、二十日すぎまで続く。

その日の神供は大黒さまの豆料理、稲荷さまの小豆飯の特例はあるが、ほかはほとんどおしとぎである。しとぎは、うるち米を一晩水に浸し、粉はたき用の臼で搗いて、生のまま丸める。もちよりもさらに古風で簡素な神供で、もちの原形といってよい。これを神棚から下げると、火ぼと（炉）の熱灰に埋めて焼いて食べる。中には塩あんを入れたりする。

南部地方でも三月十六日の農神さまにおしとぎを供える

による青森県の地域区分

大豆の食べ方		山菜・きのこ・野菜	水産資源 動物資源	特徴（食文化の類型）
味噌など	豆腐など			
豆とこうじの味噌	豆腐は晴れ食，きな粉，じんだ，枝豆漬	さつまいもは全くないが，山菜，きのこがきわめて豊富	生鮮魚貝，干し魚，飯ずし類が多い	米型（すし文化，もち文化）
豆とこうじの味噌	豆腐は晴れ食	山菜，きのこ，野菜は少なめ	生鮮魚貝，海草類豊富	いも・米型（沿岸文化）
豆味噌 すまし	豆腐は晴れ食 ずんだ汁	山菜，きのこが多い	生鮮魚，海草類が多い	雑穀型（もち文化）
豆味噌 すまし	豆腐は晴れ食，納豆，ごりごり	山菜，きのこが多い	渓流魚の飯ずし，きじ，野うさぎ	雑穀型（あわ，ひえ，そば，大豆文化，一部焼畑文化）
豆味噌 すまし ごど	豆腐は晴れ食，豆しとぎ，きな粉	さつまいも，食用菊，野菜類，山菜が多い	いわし，かすべ，うぐい，川がに，どじょう	雑穀型（ひえ，そば文化）
豆味噌 すまし	豆腐は晴れ食 豆しとぎ，きな粉	大根，にんじん，山東菜など野菜が多い，山菜	生鮮魚貝，海草豊富	雑穀型（沿岸文化）

が、十二月九日の大黒さまの年取りの日には、豆しとぎを必ず供える。生の大豆を水に浸して搗き、塩味をつけてなまこ形につくる。これを三分ぐらいの厚さに切り、供えたあと、そのまま食べる。

津軽の小正月（一月十六日）に、かえの汁（けの汁）をこしらえて仏前に供えるしきたりは古い。この日の朝、白がゆとともに食べる汁のことである。

材料は大根、にんじん、わらび、ぜんまい、ふき、凍《し》み豆腐などを細かくきざみ、大豆をひいたじんだを入れて、大きななべに味噌で煮こんだものである。これを何日も小なべにとり分け、温めて食べる。

かえの汁は津軽だけでなく、南部地方の小正月の行事食でもあり、下北郡では小正月のほかに、十一月二十四日の大師講の供えものにもしている。

五、青森県の地域区分

食べものによって、昭和初期の青森県を大きく区分すると、図と表のようになる。

まず、図のA線は県内を二分して、東の南部地方（畑作地帯）と、西の津軽地方（稲作地帯）に区分する。

次に、B線は南部地方を南北に分ける。南半分は上北郡から八戸市、三戸郡にわたり、基本的には、ひえ、あわ、そばの雑穀が主である。さらに県境をまたいで、岩手の県

食べもの・食べ方の特徴

地域名	主食		
	おもな主食(①は第一のもの)	晴れ食の特徴	特徴的なもの
津軽	①白米飯	多彩な米ともち料理	ごま飯，赤飯，黒豆飯
津軽半島東部	①麦飯 いも	もち料理	いもけえ
下北半島	①ひえ飯 いももちけっこ そばもちけっこ かぼちゃけっこ	もち料理 そば料理	いもの粉のもち，おづけばっと，けいらん
南部（上北）	①あわ飯 ひえ飯 そばかっけ	そば料理 もち 白米飯	串もち，かぶけえ，いびきりもち
南部（三戸）	①ひえ飯 あわ飯，麦はっとう，そばはっとう	赤飯，白米飯，もち	串もち，つっつけ
南部（八戸）	①ひえ飯 麦はっとう，そばはっとう，とってなげ	赤飯，白米飯，米のもち，あわもち	かぶけえ，じゃがいも

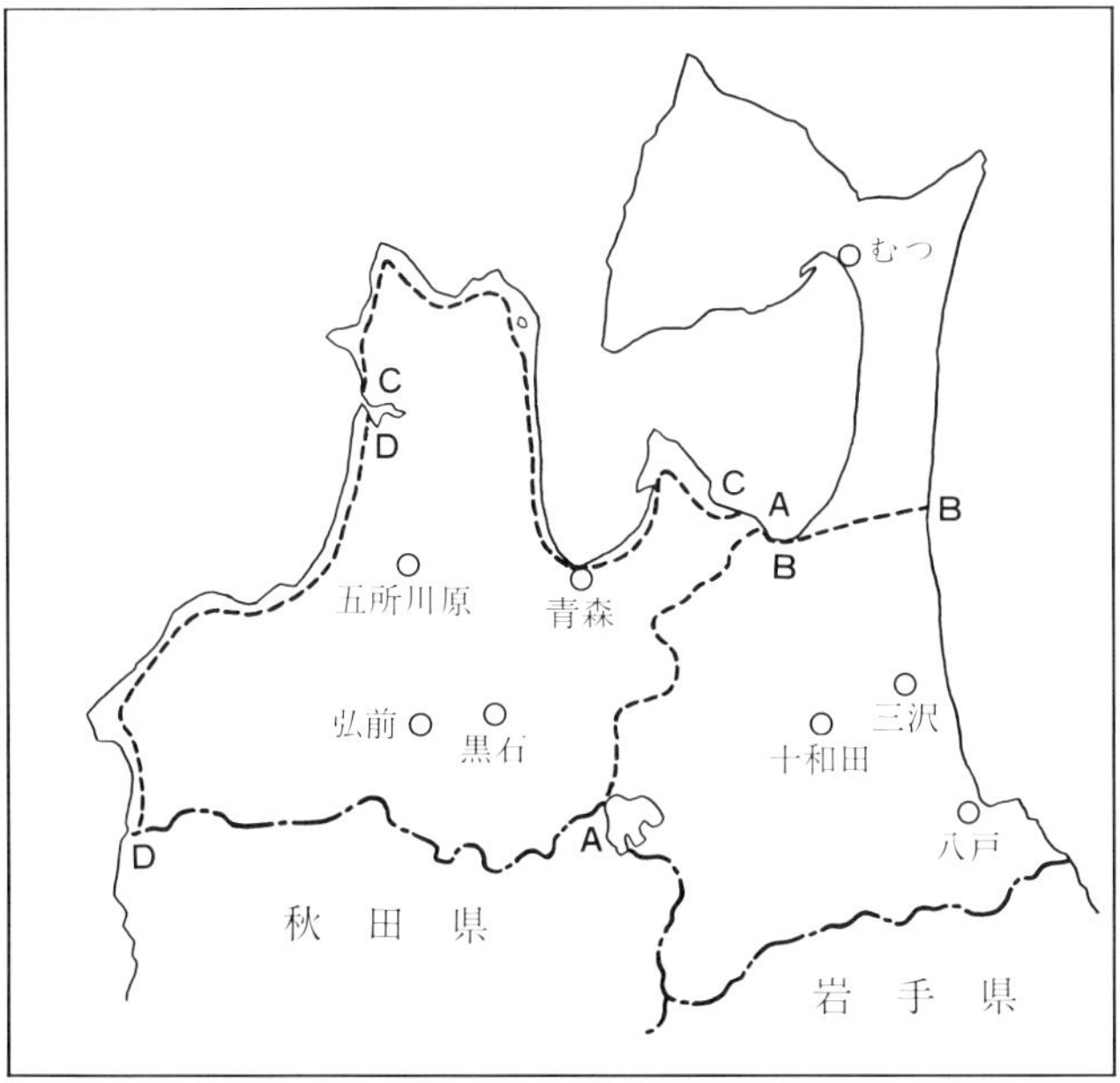

食をめぐる青森県の地域区分

北地方とこの食の事情は共通する。

B線の北は、上北郡の北部から下北郡に及ぶ。同じく雑穀を基本としながら、いもが大きく食生活を特色づける。また、そば、いもによる粉食が目立つ地域でもある。

一方、津軽地方に移ると、陸奥湾沿岸から北へのびて津軽半島周辺をとりまくC線は、津軽半島東部、地元では上磯と呼ぶ地域で、同じ津軽でもここは、あわ、そば、いも、かぼちゃが主食である。

その理由は、夏の間オホーツクの海から吹き寄せる冷たいヤマセの影響と、津軽半島中央部の山脈が海岸間近に迫って、耕地に恵まれないためである。

しかし上磯の漁村には、乏しい主食を補う海草と、たら、いわしの豊富な漁獲がある。

日本海沿岸のD線地帯は、水田は少ないが、沿岸漁業による四季の魚類があり、内陸の水田地帯からの米の入手に困らない。

津軽の内陸部は、津軽平野の名のもとに豊かな穀倉地帯である。

黒石町周辺の南津軽、弘前市を中心とする中津軽、五所川原町に集まる北津軽、西津軽の各郡は、豊かな水脈にうるおう米の主産地である。畑地といえばりんごの栽培で占められ、津軽の農業はまさに米とりんごに象徴される。それだけに、天候不順による米の冷害不作の心配も大きい。野菜は、農家がめいめいの裏畑で栽培し、自給の分を除いて町に売りに出る。町の住民も自宅の裏畑を野菜づくりに当てる家が多い。

また南津軽、中津軽、西津軽の山間には、水田の乏しい山村集落も多いが、あわ、ひえに米の混食を主とし、これを補う川魚や豊富な山菜に恵まれている。

津軽と隣県秋田との境は山地でさえぎられているために、同じ米どころでも食生活のいろどりに違いがある。いろいろな漬物とはたはたの飯ずし、しょっつるなべ、比内《ひない》鶏《どり》のきりたんぽが秋田の自慢なら、津軽は、たらのじゃっぱ汁の味噌の風味、ほやの水もの、あおば（ひらめ）の刺身の淡白な味覚、薄塩のにしんの焼き魚など、生魚の多様な味わい方が特色であろう。

家　畜
馬……………1頭
しゃも………1羽
山から
山菜：わらび，ぜんまい，うど，ふき，ぼんな，みず，しどけなど
きのこ：さもだし，まいだけ，むきだけ，ぬえど，しいたけなど
菜　園
春～夏
大豆　小豆　きゅうり　なす　ささげ　玉菜
きくいも　ずきいも　いも　とうもろこし　ねぎ　だいな
大根菜　なつ菜　しろ　赤かぶ　白かぶ　けし
秋
大根　高菜　だいな
水田
1町5反（小作）
うるち米　1町4反
もち米　1反
裏作は降雪のためなし
果樹園
7反　りんご
野菜畑
屋敷の裏にりんご畑があり，野菜畑にしている
りんご
畑
7反（りんごの木の下）
春
大豆，小豆，だいな，ねぎ，大根菜，なつ菜，しろ，白かぶ，きゅうり，なす，ささげ，玉菜，きくいも，しその葉，ずきいも，とうもろこし
夏
大根，白菜，赤かぶ，白かぶ，ねぎ，なつ菜
秋
大根，高菜，だいな
屋敷まわり
にら，しそ，みょうが，みつば，ねぎ，わけぎ，しろ
畑
畑
畑
神明神社
家の数は30軒ほど

津軽（弘前）の農業と食べもの

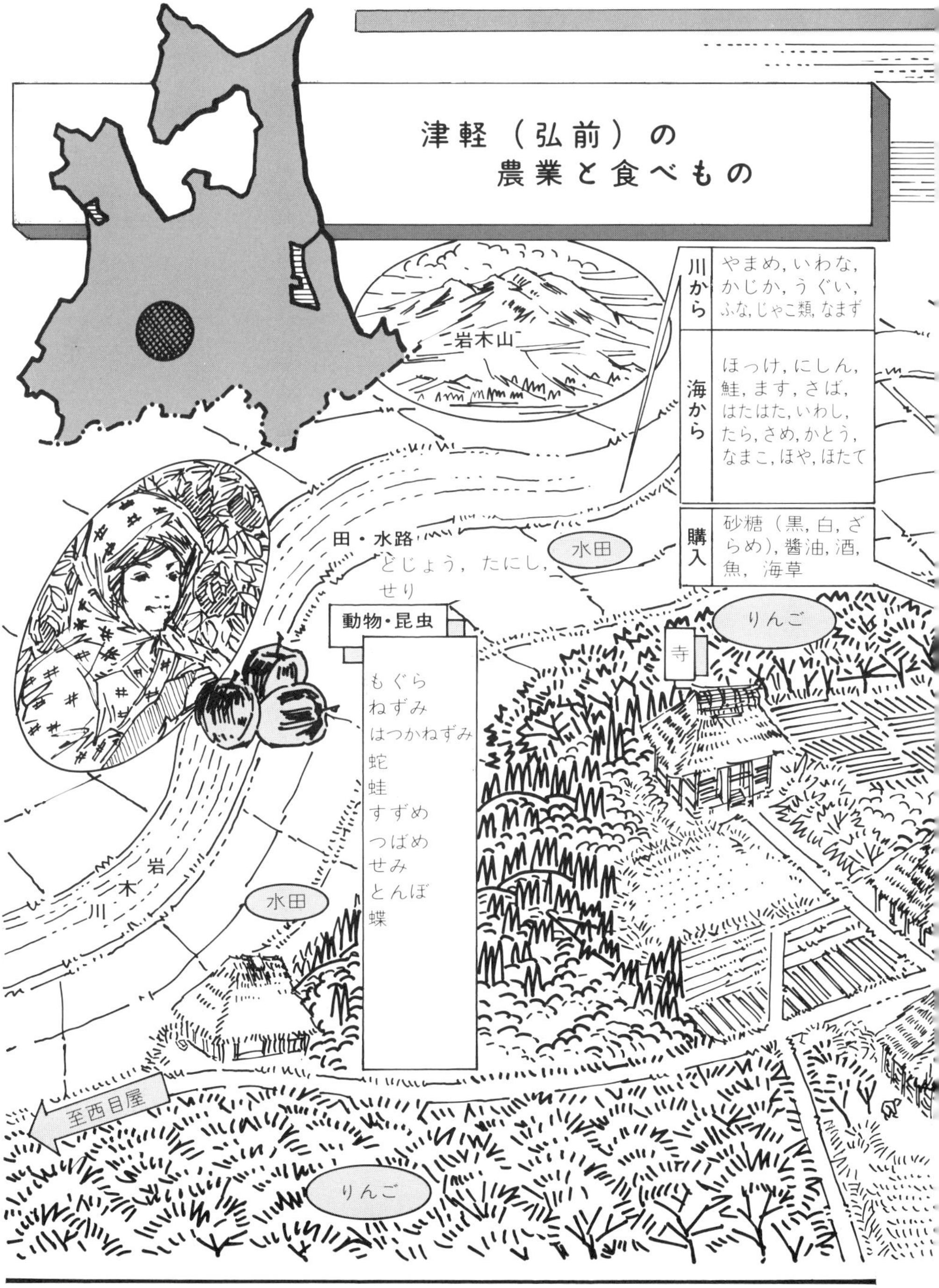

岩木山
川から
やまめ, いわな, かじか, うぐい, ふな, じゃこ類, なまず
海から
ほっけ, にしん, 鮭, ます, さば, はたはた, いわし, たら, さめ, かとう, なまこ, ほや, ほたて
購入
砂糖（黒, 白, ざらめ）, 醤油, 酒, 魚, 海草
田・水路
どじょう, たにし, せり
水田
動物・昆虫
もぐら
ねずみ
はつかねずみ
蛇
蛙
すずめ
つばめ
せみ
とんぼ
蝶
りんご
寺
岩木川
水田
至西目屋
りんご

書物としての郷土料理

長部日出雄

もともと好きではあったのだけれど、数年前の暮から正月にかけて、韓国の京城、慶州を短いあいだに回る旅をして以来、ますます関心が強まって、本物のキムチや独特の材料を売る店を回り歩くうちに、この海をへだてた隣国の料理と、ぼくが育った青森県津軽地方の郷土料理には、鱈文化という点で共通性があるのではないか、とおもうようになった。

朝鮮半島において、鱈はいちばんとれる魚であり、それを干したもの（干し明太）は家庭の常備食品、保存食品として、動物性蛋白質の大切な補給源になっているという。

こりこりした歯ざわりと舌ざわりのチャンジャ（鱈の胃袋の塩辛）は、御飯のおかずとして、ぼくがもっとも好むもののひとつだ。また実際に食べたことはないのだが、雑誌の料理のグラビアで見た「鱈のメエウンタン」は、身を骨ごと棒切りにし、内臓も入れる鍋料理ということで、あとで述べる津軽のジャッパ汁に、通じるところがあるようだ。

つまり安価な大衆魚の鱈を、身はいうに及ばず内臓から骨にいたるまで、徹底的に利用して味わい尽くすあたりに、朝鮮半島と、おなじ海に面している青森県津軽地方の家庭料理には、共通性があるとおもわれるのである。

昔は、いちばんおいしい寒鱈を丸ごと一匹（といっても、それほど大した値段ではない）を買った人が、鰓に通した縄を手にして、雪道を引き摺って行く姿を、よく見かけたものだ。

身の調理法については、あらためて述べるまでもあるまいから、ここでは省略する。

鱈子は焼くより、煮て食べることが多かったが、生のまま醤油と酒で味つけして二、三日おいたものを、箸ですくい、熱い御飯になすりつけ、むしゃぶりつくようにして口一杯に頬張るのが、じつに旨かった。ぼくの少年期は、戦中戦後の食糧難の時代で、白い御飯そのものが貴重品であったから、米の味を最高度に発揮させるこの食べ方は、よけい堪《こた》えられない感じがした。

正月の料理に欠かせなかったのが「子和《あ》え」。千切りにし茹でて味をつけた凍豆腐（しみどうふ、といった）、大根、人参と、糸こんにゃくに鱈子をまぶして和え、軽く火を通す。これは冷えていたほうが、おいしい。熱い飯や汁のあとに、舌にのせると、まず冷たさと鱈子の微細な粒粒の触感があり、噛みしめるにつれて、凍豆腐と糸こんにゃくに染みていただしの味や、大根と人参の薄い甘みがまじり合って、じわーっと口のなかに広がる。触覚と味覚の重なり具合が、すこぶる味わい深い。

白子はタツといって、その発音から小さいころ連想していたのは、竜《たつ》であった。くねくねとして蟠《わだかま》っている形状が、なんとなく雲を呼んで天に昇る竜をおもわせたのだ。ふつうは豆腐、ネギと一緒に味噌汁の実にする。いまでもぼくが長い仕事に取りかかろうとするとき、食べたいとおもうのはタツの味噌汁だ。あの淡白でいてねっとりとした味わいが、粘り強さを与えてくれそうな気がして……。

新鮮なタツは、熱湯をくぐらせる程度の刺身でも食べる。上野のタカラホテルの裏に、韓国料理の店や材料店が集まっている一画があり、そのなかの一軒に入ったら、鱈の白子の刺身が出てきて、朝鮮半島と津軽地方は、鱈文化においてつながっているという仮説を証明する材料が、もうひとつ加わったような気がした。

ぼくは食べたことがないが、昔の田植え時には、赤飯に、水に漬けてもどした干し鱈と蕗の煮つけがつきものだったのだそうだ。

胃袋はよく洗って串に刺し、塩をふって焼鳥風にする。さて、ここまでで鱈の身、子、白子、胃袋は消化した。残る頭部、中骨、肝臓などを材料にしてつくられるのが、津軽料理の真打ち——鱈のジャッパ汁である。

ジャッパとはつまり雑端で、残り物や屑を意味する。そんな料理を、真打ちと呼ぶのはおかしいとおもわれるかもしれないが、津軽地方の人間に、好きな郷土の食べ物のアンケートをとったら、たぶん圧倒的な差で、これが第一位になるだろう。

よその地方でなら、捨てるかもしれないアラの部分を、大根、人参、ネギとともに味噌汁仕立てにしたものが、どんな贅沢な食べ物にも増して、津軽人の相好を崩させる人気料理なのだ。

頬がすっかり強《こわ》ばってしまうほど凍《しば》れる冬の夜でも、外から帰って来て、晩飯はジャッパ汁と聞かされると、とたんに口元が綻び、鍋から丼（椀よりこれで食べることが多い）に移された中身から立ち昇る湯気に擽られて頬が弛み、食べ終ったあとは大抵、笑い顔になっている。

材料のなかで重要なのは、アブラと呼ばれる肝臓で、全体の味わいに濃い厚みを加え、かつ、汁の表面をギラギラと光らせて、魚と野菜のいわば残り物を、見るからにスタミナ料理という感じに変貌させる役割を果す。

じっさいに一見淡白な印象を与える鱈の頭部と中骨、内臓などに籠められている実力は大したもので、熱いのを吹きながら食べているうちに、どんなに寒い夜でも体のしんから温まり、額に汗が滲んで、気力と体力がともに充実し、勇気が凛凛と湧いてくる。

骨の髄までしゃぶる、という言葉があるけれど、丼の汁を飲み干すときは、北の荒海で揉まれて育った硬骨魚類のエキスを、一滴も残さずわが体内におさめる感じで、まことに堪能しきった気分になる。

鱈としても、これくらい徹底して味わい尽くされたら、本望とおもって成仏できるのではあるまいか。

またこの魚をとるためには、人間も多くの命を失ってきた。鱈の漁期は、その字が示しているように冬で、「低気圧の墓場」と呼ばれる北洋の漁場では、これまで何隻の船が遭難し、どれほどの人命が失われたかわからない。

鱈のジャッパ汁の底には、壮絶な自然と人間のたたかいやドラマが秘められている。そうしたなかから生み出され、長い年月にわたって受け継がれてきた地方の食文化は、まことに貴重なものであるとおもわずにはいられない。

文字として書き残されていない庶民の歴史は、郷土料理のひとつひとつに隠されている。よく味わいながら、深く読みとろうとするなら、郷土料理は後世に正しく伝えられなければならない書物でもあるのだ。

（おさべ・ひでお　作家　一九八六年記）

岩手

むがしは、なんでも手かずをかげで、うんみぇもんこしゃだもんだ――岩手の食

大正のおわりから昭和の初めにかけて、家族のために毎日毎日食事をつくり続けてきた主婦たちの、「食事つくり」は、今日の主婦たちの「料理つくり」とは全く違います。少なくとも、今日数多く出版されている美麗な「郷土食料理」本に書かれている「材料何百グラム、調味料小サジ一杯」式の食事のつくり方とは全く違うのです。

当時の主婦たちにとって「食事つくり」とは、田畑に植えつけられた数々の農作物、山や川や沼が恵んでくれる山菜や川魚などの数々、そして海岸から運ばれてくる海産物の数々、それらのすべてを頭に入れて、一年中家族全員に不足なく、楽しみながら食べ続けられるようにすることであったのです。

食事つくりには、住んでいるそれぞれの地域の四季がありました。朝、昼、晩がありました。「はれ」と「け」がありました。そして、わが家と隣家では微妙に違う、それぞれの「手前みそ」、あるいは「わが家の漬物」のような、個性的な貯蔵・加工・料理の技《わざ》があったのです。その総体こそが「食事つくり」であったのです。

「食べる」という人間の営みを、あれこれの「料理」として、自然からも人間からも切り離して「料理のつくり方」を教える「料理本」としてではなくて、人間の営みを、人間らしく人間の食事として、その総体を描かなければならないのです。

岩手県は、四国四県に匹敵する面積をもっています。山あり、川あり、海あり、畑あり、多様です。また北は南部藩で、南は伊達藩でした。「殿様」の政治のやり方もそれぞれ違っていました。政治が違えば食べもののありようも違ってくるのです。このような数限りない多様さを整理し表現するには、どうしたらよいのでしょう。

そのひとつの方法として、岩手県内を五つの地域に分けてみました。

① 雑穀を基本とする県北の畑地帯

② 米・麦の粉食に特徴ある県中央部

③ 多彩なもち料理の県南地域

④ 豊かな海の幸に恵まれた三陸沿岸

⑤ 山菜・きのこ類を食膳にとり入れる奥羽山系

こう区分けして、人間の営みとしての「食事つくり」を総体として描き出してみようと試みました。

それぞれの地域で、数人のおばあさんに集まってもらい、昔の食事を思い出してもらいます。昔つくった食事を実際につくってもらい、写真におさめる。聞き書を重ね、書いた原稿を読み返し確認していただく。それをくり返しおこなうことによって人間の営みの総体としての食に接近したのです。

その世界は、遠野に生きる人びとの土俗性にひかれた柳田国男の世界に似ています。名子制度の研究をとおして奥羽山系の農家の生きざまに愛着をもった有賀喜左衛門の世界にも通じます。石川啄木の世界、宮沢賢治の世界、そして「吉里吉里人」に独立宣言をさせた井上ひさし氏の世界とも重なります。しかし、それらのいずれの世界とも交差しながら、そのいずれとも違う、別の世界を表現しています。

結果として「地域の風土と生業」そのものが浮かびあがってくるのです。岩手の食事という抽象物はありません。

「むがしは、なんでも、手かずをかげで、うんみぇもん、こしゃだもんだ」。こう語ってくれたおばあさんが、主婦として家族にかけた「おもい」、そのおもいの表現としての「その家」の食事、その総体が「岩手の食事」なのです。

凍み豆腐つくり（一関・萩荘）

岩手の食事　その心と技

主婦は、自らをとりまく全てを頭に入れて食事づくりにいそしむ。食事——それは本来、個性豊かな地域、自然、人間のおりなす儀式の表現である。背景には、それぞれの土地での歴史があり、家や村での伝承がある。四季おりおりの農耕、労働の営みがあり、祝いごと、行事のしきたりがある。

家族一人ひとりの健康と明日の労働への思いをこめ、主婦は食事つくりの技を発揮する。寒冷地岩手の条件を逆手にとり、海、山、川、田畑からの幸、限られた食の素材を十二分に生かすのである。

凍み大根（沢内）

いわしのすり身（山田）

県北 ひえ、あわ、そば、大豆を多彩に生かす

日常食のひえ飯と納豆

ひえしま

馬も家族の一員

やから（水車）

なだらかな山々の間に耕地がひらけた県北・軽米では田は少なく、主食はひえである。朝は米やあわを混ぜて炊く。昼はぞうすい、夜は小麦のひっつみという形で組み合わさる。

馬産は日本一で、ひえ面積三・五～四反に一頭の馬が必ず飼われる。早春の雪どけ水は、やから（水車）による雑穀類の精製や製粉のために利用される。大豆でつくる豆腐、きらず（おから）、納豆は日常の食膳に欠かせない。晴れ日、行事日には、必ずそばの料理が登場してくる。

（軽米、九戸にて）

豆腐でんがくと串もちのたれ材料，左からじゅうね（えごま），くるみ，にんにく

きらず(おから)を材料とする，かすおもし(左上)とかす汁，右の皿はきらずもち

日常食，夕食のそばかっけ

そばのしま立て

県北

主食を補う食べもの・味覚

屋敷まわりにある畑には、主食を補う大根、じゃがいも、かぼちゃなどがつくられる。これらは多種多様な保存、貯蔵、加工がなされる。菊もつんで菊のりにしておく。じゅうね（えごま）油は味噌たれに入れるなどして独特の風味を出させる。

冬が長いだけに、畑の管理には主婦のきめ細かな心配りがある。

（軽米にて）

冬から春の汁もの，左から干し菜汁，あら汁，汁ばっとう

貯蔵穴から大根を出す

大根の干し菜

凍み大根つくり

遠野のひなまつり

遠野のひなまつりは、附馬牛《つきもうし》人形と花まんじゅうで祝う。お作立《さくだて》、おしらさま、小正月、馬っこつなぎなど、晴れ日、行事日は年間の田畑での仕事と組み合わされている。子どもたちは晴れ着を着せられ、家族、村中そろって祝い、楽しくごちそうを食べる。

遠野のひなまつり、附馬牛人形と花まんじゅう

花まんじゅう

じゅうね

食用菊つみ

県央

米麦の多面利用が食全体を豊かに

県央では、米麦、そばなどの粉食、多様な「しとねもの」の伝承が特色。

北上川流域の、北は岩手山の裾野から南は北上付近にかけての一帯である。古くからの水田地帯、その規模も県内では大きく、生産も安定している。畑には大麦、小麦の栽培ができる。大豆、小豆な

かま焼き(かます焼きもち)，以下いずれも米の粉利用

おつゆだんご（ひきなだんご）

⬇彼岸だんご

稲の刈上げと岩手山

ど豆類、大根、里芋、ごま、じゅうねもつくられる。

主食素材の豊富さと季節野菜の多様さは、味噌、醤油などの味つけの妙と相まって、食全体を豊かにしている。（紫波、矢巾、滝沢にて）

大黒さまの年とりに供える料理，右の膳は，まっか大根と大豆，左の膳は，上から焼き魚，田作りとごぼうの煮物，おひたし，こんぶと豆の煮物，すまし汁，白飯と酒

がっくら漬

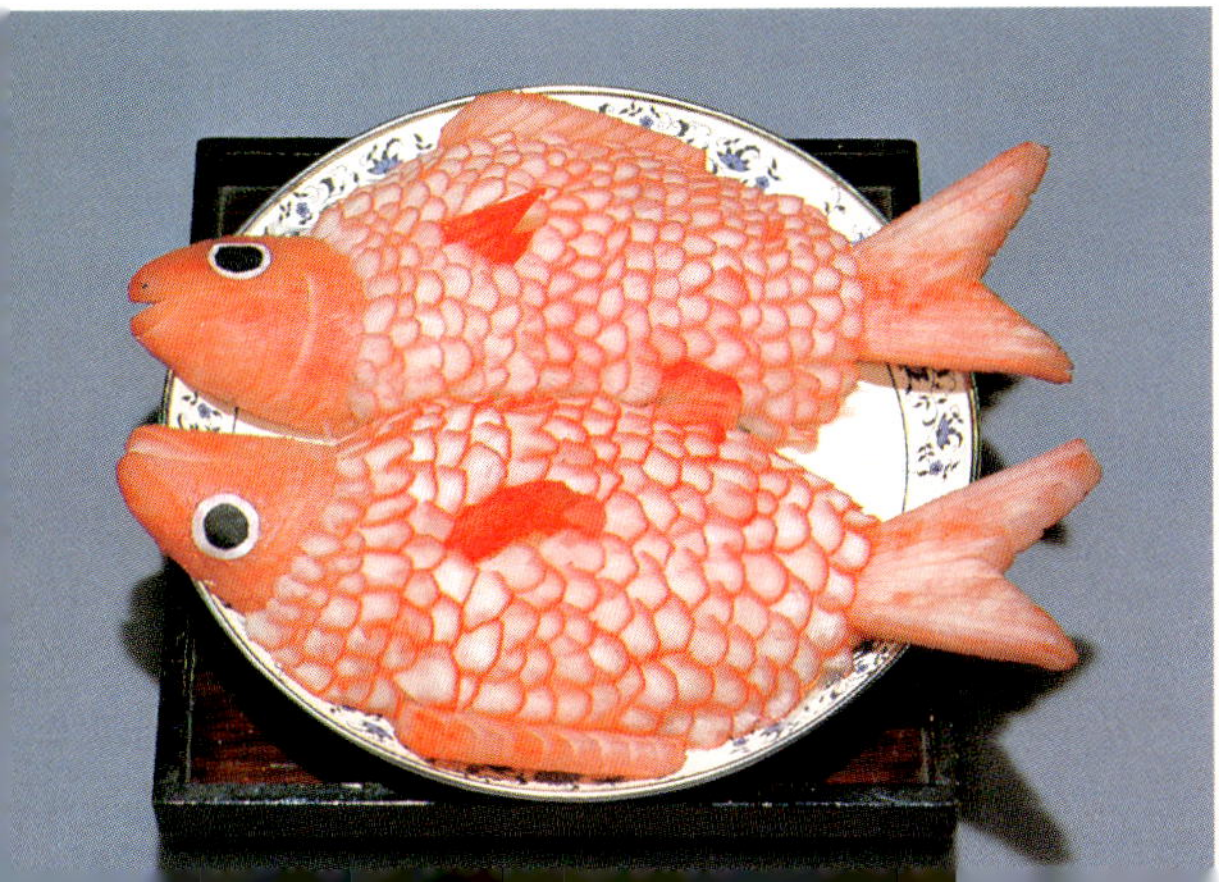

大根でつくった祝行事の鯛（この腹合わせの形は婚礼用）

県南

もちの食べ方の多彩さは全国一

もちの各種，上左から，あん，ずんだ，雑煮，中左から納豆，くるみ，えび，下左から，ごま，しょうが，ふすべ

もちの保存法いろいろ

北上川流域の水田地帯

稲のねじりほんにょ（棒掛け）

「もち文化圏」とされる県南は、もち料理の多彩さは日本一といわれる。ごはんも多様で、麦飯、ひえ飯、あわ飯、かて飯、三穀飯などを食べる。これらが季節ごとに、素材を変え、手を変えて食膳にのぼる。

山からは山菜、きのこ、川や沼からは川ざけ、えび、かにがとれる。こうじを使った味噌が味覚の基調となっている。豊かな水田は、大麦との二毛作が可能である。

（花泉、一関にて）

沼のえびとり

えびの空炒り，この状態で保存

味噌漬

だいごつもり（大根の貯蔵）

三陸沿岸

浜の四季と魚貝、海草、味の競演

冬から春にかけての日常食，ひえ飯

海の保存食，左側するめ，中上いかの口の干物，下いかの酢漬，右上から塩辛，いかの塩漬，あわびのとしるの切込み

こんぶ干し

馬っこつなぎ〔六月十五日〕の膳

親潮と黒潮とがぶつかる三陸沖の海では、魚貝類が一年中水揚げされる。こんぶ、わかめ、まづぼなど海草も豊富、それらの保存法にも特徴がある。

耕地が少なく、主食はひえ、あわ、麦などのまじった三穀飯や海草入りのめのこ飯、生きのいい魚貝や内臓を使った五十集《いさば》屋《や》（漁家）料理が、四季おりおりに食膳をにぎわす。

晴れの日、海の神さまの日はまた格別である。

（宮古、重茂、山田、大浦にて）

正月に大漁を祈ってのお供え

元旦の膳、雑煮もちとくるみだれ

氷頭《ひず》なます

三陸のリアス式海岸

奥羽山系　山菜、きのこ、すし漬の宝庫

山菜各種，左下から右へ，ぜんまい，うるい，しどけ，ぼんな，みず，中央たらの芽（中山信氏提供）

左上からみず・わらび・ふきの塩漬，右は乾燥させたわらび，ぜんまい

すし桶とさけの飯ずし

はたはた

秋田県境の雪深い奥羽山系には、山あいに耕地がある。あわ飯、かで飯が主食で、味噌汁はきのこ汁に納豆を入れたものをよくつくる。春は山菜、秋はきのこと山の幸の宝庫――。漬物の食べ方にも特色があり、さけやはたはたでつくる飯《い》ずしにみられる食べものの保存法が伝承される。こうして雪にとざされる長い冬をのりきるのだ。（湯田、沢内にて）

きのこ（まいたけ）とり

とびたけの煮つけ（左）ときくらげの煮つけ

農家で保存している豆類、上二段はささぎ（いんげん）類、下は左から黒豆、小豆、普通大豆、青大豆

渓流魚・いわな（中山信氏提供）

調理用具類・漁具と救荒食

かて飯の水切り

かて切りとかてすくい

澄まし桶（古味噌を煮て布袋に入れ，把手《とって》から吊るす。にじみ出た汁が澄まし）

しとね鉢（粉を練る。丸い凹みに石臼をのせる）

伝統的な食べもの、料理法は、それぞれ独自な用具類と結びついている。住まいも生活と生産そのものであり、それらの大部分は地域でまかなえるものを素材とし、代々大切に扱われてきた。採取用具、漁具も同様である。

たび重なる凶作、飢饉に見舞われた岩手ではまた、救荒食糧確保のための特徴ある用具類も目立っている。

根舟や根打槌など（凶作のさい，わらびの根から澱粉をとる道具）

飢饉に備えてとちの実を蓄えた俵。左下はとちの実，右はしだみ（どんぐり）の実

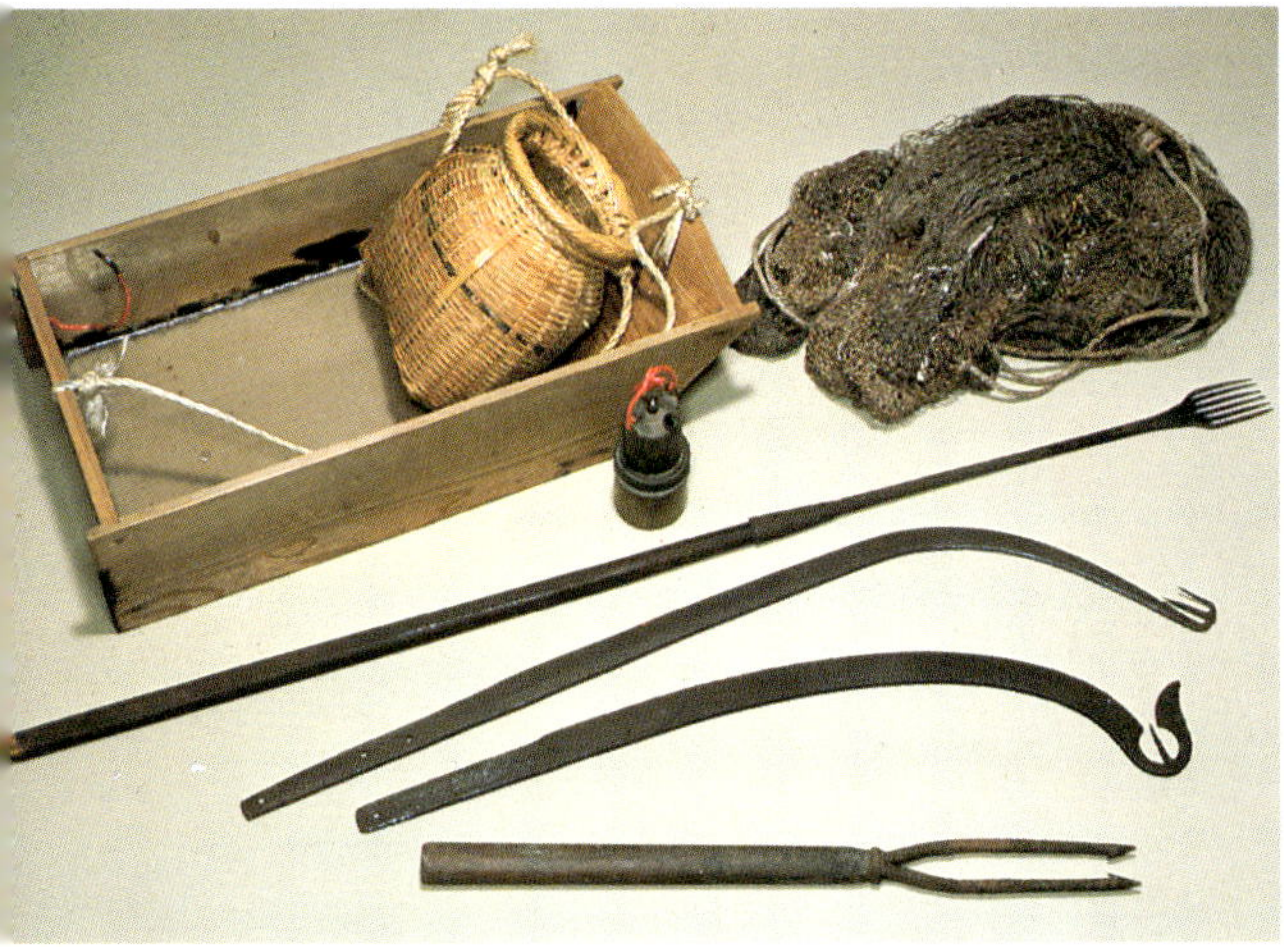
和賀川での漁具，上からガラス箱とかっこべ（かご），ますとり網，やす，うなぎとりのかぎ（２本），ますつきのやす

酒のかんなべ

雪納豆つくり

奥羽山系でよくつくられる雪国ならではの傑作納豆。

やわらかく煮た大豆を、わらづとの中にほおの葉を敷いて入れ、温度の変化が少ない雪の中に寝かせて納豆菌の繁殖を促してつくるもの。

（沢内にて）

雪納豆掘り

掘り出し

雪中の穴掘り

雪納豆のできあがり

納豆の仕込み

岩手の食とその背景

一、日本の中の岩手
——岩手の食の特徴

1、自給型食生活の原点の遺存

昭和初期、全国的視野から岩手県をみると、工芸作物などの商品生産農業の発達がいちじるしく遅れていた。これは、中央の消費市場から遠く、交通輸送条件に恵まれていなかったためである。このことが、岩手の農家生活とくに食生活を特徴的なものにしている。

つまり、自給農産物を中心とし、野山や川や海から身近に得られるもの、それに、物々交換とわずかな購入品に食の素材が限られるのである。したがって、自給を主とした原料をどう蓄え、その持ち味をどう活かすか、素材同士をどう組み合わせ、どのように変化をつけるか、また、周年的にどのように食生活を組み立てていくかが、最も大切なことであった。そして、その体系化が緻密で完成度が高いことは驚くほかない。

もちろん、このような自給主体の日本型食生活はかつて各地で行なわれていたものであるが、岩手は、近年までその度合が強く、原型が色濃く残されている地域として、あらためて注目されるべきであろう。

2、大きな地域差と明確な地域性

四国四県に匹敵する広大な面積をもつ岩手県は、たとえば気候一つをとっても、標高と緯度の差はもとより、暖流（黒潮海流）と寒流（親潮海流）による海洋気象の影響（とくに沿岸部）も大きい。これに水田化率や藩制時代の歴史の影響なども加わり、県南は米、大麦（平常食）と、もち文化（晴れ食）、県北は雑穀文化（ひえ、そば、小麦、大豆）に二分できるほどである。

詳細は地域区分の項にゆずるとして、地域性がはなはだしく大きいことを特筆しておきたい。

3、むらの暮らしと行事食、晴れ食の伝承

さきの自給型食生活の遺存とも関連するが、むらや家の行事と、行事にともなう晴れ食、行事食の伝統が、周年的に色濃く残されていることも、昭和初期の岩手ならではの特徴といえるであろう。

とくに北上山系や奥羽山系などでは、人々は広大な地域の山ひだの僻地に平均二〇戸ていどで集居しており、お互いに支え合うような相互扶助の結《ゆ》いを行なってきている。年中行事には、信仰、祈願的な意味を中心として、運命共同体ともいえる「むら」の結集を強め、融和をはかったり、子女を教育し伝承を伝えたりといった意義がある。む

らと対応した「家庭維持」の考え方もあり、また、数少ない娯楽としても重要なものであった。

さらに行事食には、食の享受をともにするほか、平常食の栄養のかたよりを正す配慮がとくに重要であった。たとえば、大黒さまなどしたしみがある慈愛の神、山の神やおしらさまなど畏怖《いふ》の神、あわれな大師さまなど、性格を異にした神々があり、おのおのの神にちなんだ数字によって縁日が定められて、いわれ（由来）やことわざにより晴れ食も規定されている。県北地方などでは、ほぼ二週間に一度は豆類を中心とした晴れ食をとり、イネ科主体の平常食を補う栄養の調和がはかられている。

食をめぐる岩手の地域区分

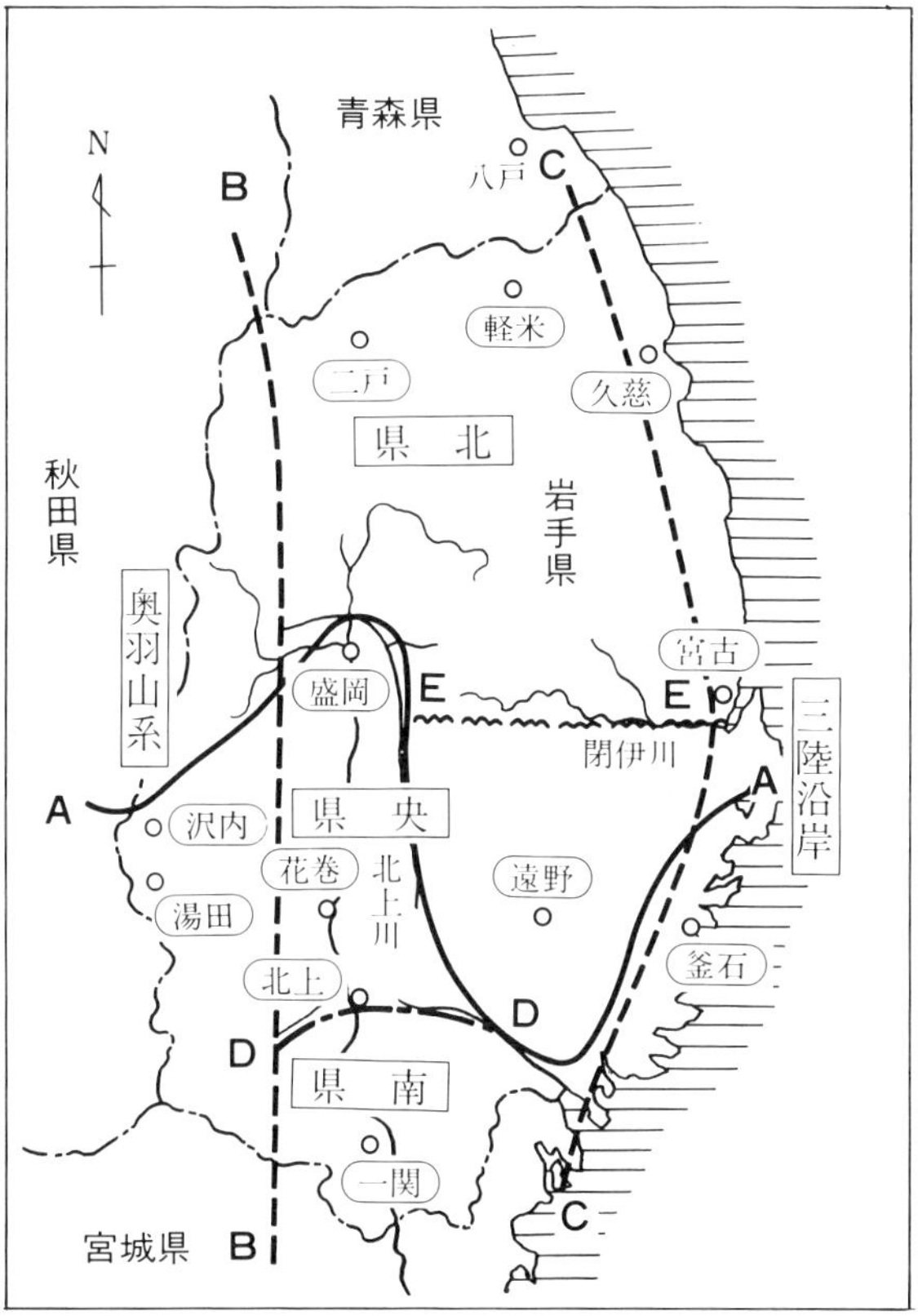

4、長い冬に備え　寒さと雪を活かす技術

岩手は北国であり、農作物の種類や作期も規制されるなど、営農、食生活は典型的な寒冷地型となっている。四季は明確に仕分けられ、春から秋は急ぎ足で通りすぎていく。このため、四季おりおりに異なったリズムがあるが、わけても岩手の冬は長くてきびしく、奥羽山系などでは雪も深い。

この国の人々は、食の中心となっている農業はもとより、春の山菜とり、夏の魚とり、秋のきのことりなどにも精を出す。山、川、海の幸が豊かで、清らかな自然の恵みを受けることが多いのも岩手の特徴の一つであるが、ここでいおうとしているのはそのことではない。すなわち、一見して楽しみにうけとれる行事ではあっても、じつは、食の原料が生産されない長い冬のトンネルを通り越すための準備がなされているということなのである。

特徴による岩手県の地域区分

大豆の食べ方		山菜・きのこ・野菜	水産資源 動物資源	特徴 （食文化の類型）
味噌など	豆腐など			
豆味噌 澄まし	豆腐を平常食としている，豆しとぎ	里芋・さつまいもが全くない。山菜・きのこが少なめ	中流魚	雑穀型（ひえ・そば・小麦・大豆文化，一部焼畑文化）
豆味噌	豆腐は晴れ食 豆しとぎ	里芋・さつまいもが全くない。山菜・きのこが豊富	渓流魚	同　上 （同上プラス山文化）
豆とこうじの味噌	豆腐は晴れ食 醤油	里芋がある	中流，用水の魚	米・麦型 （米粉・もち米粉文化）
同　上	豆腐は晴れ食 醤油 ずんだ	里芋が多い	いわしの飯ずし，池・沼の小魚，もくずがに，えび	米型（もち文化）
同　上	豆腐は晴れ食	山菜・きのこがきわめて豊富	にしん・はたはたのすし漬，かすべ（えい），渓流魚	米型（すし文化）
豆味噌	同　上	同上 里芋・さつまいもが全くない	渓流魚，山の獣類	雑穀型（山文化）
北部は豆味噌	同　上	山菜・きのこが少なめ	生鮮魚貝・海草類豊富	雑穀型（沿岸文化）

したがって、食べものの保存と加工にも、北国らしい特徴がある。漬物はとくに多彩で、県北の例では魚類も含めて五〇種以上にもおよぶ家があるし、いろいろな原料を、特性に応じて干したり、凍らせたり、穴に埋めたり、あるいは、魚を飯《い》ずしにもして蓄える。

人々は、一般には生活にマイナスとなっている寒さや雪を逆手にとって、むしろ有利とする巧みな技術を身につけている。厳寒期には、凍《し》み大根、凍み豆腐、凍みじゃがいも、寒ざらし粉、寒もち、寒造りの白酒など、一味も二味も変わった保存食品をつくる。これらは、やがて来る春の農繁期を念頭においた、労力にゆとりがある冬の間の作業ともなっている。

深い積雪も不便なものだが、馬そりを使った、杭などの生産資材の運搬は楽であり、雪の下は一定して暖かいので、大根などの野菜の穴囲い（貯蔵）は浅くてもよく、雪の中での納豆づくりも巧みな雪の活用法である。

また、この地域では、ヤマセ（偏東風）と呼ばれる異常気象による冷夏に見舞わ

表1　食べもの・食べ方の

地域名	主食		
	おもな主食(①は第一のもの)	晴れ食の特徴	特徴的なもの
県北	①ひえ飯 小麦ひっつみ そばかっけ	そば料理	あわ飯，あわもち，きび粉のだんご（浮き浮き），しだみもち
遠野	①ひえ飯 小麦ひっつみ 麦飯，かゆ	同上	しだみもち
県央	①麦飯 かて（大根）飯 小麦ひっつみ 米粉・もち米粉だんご	多彩な米粉料理 そば料理	うるい飯，こっけい，しなだんご
県南	①麦飯 大麦がとくに多い	多彩なもち料理	ずんだもち，ふすべもち，ゆりぶかし
奥羽山系(南)	①かで（大根）飯 米粉だんご （大・小麦がない）	もち料理	
奥羽山系(北)	①ひえ飯 ひえねり かで（大根）飯 （大・小麦がない）	そば料理	わらび根もち
三陸沿岸	北から南へ重点が移行 ひえ→小麦→大麦→米と変化	北部はそば，南部はもち	めのこ飯，三穀飯，くるみ雑煮，ひゅうじ

れ、凶作が飢饉をまねくことが古くからあった。人々は備蓄やかて飯による対応とともに、食べられる山の木の実、野草の根などの加工法をよく知っていて、特徴的な救荒食の体系をまとめあげている。

5、特異な調味料と大豆食品

食べものの味つけに重要な調味料についても、岩手は特色ある自給の原点を残している。味噌については、県南では米こうじを加えるが、県北ではいわゆる南部の玉味噌で、大豆だけの豆味噌である。

醤油は一般的ではなく、自給品として古味噌を煮て布袋を通した澄ましが主体であった。これは古風な渋みを持ったもので、専用の澄まし桶が使われている。ごども特異であり、大豆と小麦などを原料としたもろみに近いもので、速醸的である。また、とくに清潔にとり扱った新漬の漬物汁を調味料とする例もあり、さまざまな薬味やつまもの、香辛料を使うなど、味の変化を求めての創意には見るべきものがある。

じゅうね（えごま）は調味料ではない

地域の特徴(昭和初期)

業　生　産		山の利用	海の利用
麦　作	輪　作，土　地　利　用		
小　麦	ひえ—小麦—間作大豆，焼畑(そば，あわ，大豆)，菜園はじゃがいも，大根が多い	多　　い	少，塩物，干物
小麦多 大麦少	ひえ—小麦—間作大豆，ほかにそば，かぶ，大根など	多　　い	やや少，同上
大・小 麦両方	大麦—間作大豆，ひえ—小麦—間作大豆，ほかにそば，大根など	少　な　い	同上，他に漬物
大　麦	大麦—間作大豆，菜種・大麻は川沿畑に多い，水田は大麦と2毛作	少　な　い	中，塩物，干物，すし
な　し	大豆，菜園，1年一毛作となる	非常に多い	同上
な　し	1年一毛作となる。ひえ，大豆，じゃがいも，大根など	きわめて多い	少，干物，塩物
南大麦 北小麦	北部はひえ—小麦—大豆，南部は大麦—大豆	少　な　い	極多，鮮魚

が、当地域における特徴的な油脂原料であり、独特の味わいを加える素材である。味噌たれなど、ごまに近い使われ方も多く、芳香が強い。

県内を、主食によって雑穀文化、粉食文化、もち文化などに類型化するとき、共通的な指標作物は大豆になる。イネ科主体の食体系において、豆類がたんぱく質や脂質などを補う意味をもち、晴れ食の主役をつとめていることは前述のとおりである。

しかし、大豆には表皮下の角質が消化されにくいという欠点がある。伝統的な調理法は、それをとり除くことが要点となっている。豆腐を中心とする豆乳系食品と、味噌、納豆など発酵系食品、あるいはきな粉に至るまで、その処理は理想的であって、先祖からの工夫の蓄積を再認識することができる。

ただし、暖地にはないひたし豆(ゆがき豆、さしみ豆)系の青大豆が広く普及しており、豆しとぎ、にぼし豆、さしみ豆など、不消化な煮豆系の調理法で食卓に供されている。この青大豆の品種群は、澱粉が多く、よく水を吸う特徴があり、消化上特異な品種と特異な食べ方といえよう。

また、県内には、豆腐が平常食とされている地域もあり、きらず(おから)を分けない呉汁《ごじる》のままでつくる豆腐(おつこ)や、呉汁を加えたかゆ(きらずきゃこ)など独特のものも多く、おつこは豆腐の原型を推測させるものである。

表2　風土性による各

地域名	標高	気象				農
		気温	積雪	降水量	冷害の頻度	水田・畑関係
県北	中～高	冷涼	中～やや多	少～中	多	畑中心
遠野	高	冷涼	中～やや多	中	多	畑中心
県央	やや低～中	やや温暖	中	中	中	水田中心
県南	低～やや低	温暖	少	中	少	水田中心
奥羽山系(南)	中	やや温暖	極多	多	中	水田中心
奥羽山系(北)	高	冷涼	極多	多	多	畑・水田ひえ
三陸沿岸	低	夏冷涼 冬温暖	極少	中	多	畑中心

大豆は馬産とのつながりがとくに密接であり、地力維持上の意義が大きく、農業の再生産に重要な役割を果たしてきている。自給時代の食品原料は、そのような位置づけのなかで生産されていたことにも、注目すべきである。

二、岩手の地域区分とその指標

食べもの、食べ方によって昭和初期の岩手県を大きく区分すると、**図**(三四一ページ)、**表1**のようになる。また、これを風土性の一端で示すと、**表2**のとおりである。

まず図のAの線である。ここから北は概して標高が高く、寒冷な二年三毛作の畑地帯であり、主食のひえに、あわ、そば、小麦などの雑穀地帯となっていて、大麦はほとんどない。また、里芋、さつまいもなど暖地系の根菜も全くない。これに対しA線から南半分には、水田が多く、南ほど一年二毛作地帯となって、大麦が多く小麦が少ない。両地区に共通な大豆の食べ方をみると、県北の豆味噌と県央、県南のこうじ味噌とに分けられ、県北の豆腐の豊かさと豆しとぎの存在が特徴的である。

つぎに、区分線Bの西は奥羽山系で、多雪なため麦類など冬作ができない。山菜、きのこの利用が多く、山の動物食糧と川魚への依存度が大きい。南部では、はたはた、かすべ(えい)などの魚や、魚の飯ずしなど、秋田の影響を受けている。水田が多い南部と、雑穀の北部とに内部で二分される。

さらに、区分線Cの東の三陸沿岸は、海からの食べものが多く、独自の食内容をもっている。大麦と小麦について、さらに南北に二分できる。

区分線Dは、江戸時代の藩制によるもので、この南は県南の伊達藩（仙台藩）。ここでは多彩なもち料理の晴れ食があり、大豆ではずんだがあって豆しとぎがないこと、魚の飯ずしがあることが特徴である。また、冬作としては大麦、菜種が多く、小麦はほとんどない。菜種は、大麻とともに他の地域に少ない工芸作物であり、現金収入源となっている。他方、このD線の北、旧南部藩に属していた県央では、米粉を多く使うこと、大麦、小麦ともあること、そば食があることも特徴となっている。

なお、E線は遠野盆地を中心とした北上山系南部を分けるもので、県北部に比べると、豆腐が晴れ食であること、山への依存度が大きいことなどが異なっている。しかし、顕著なものではない。

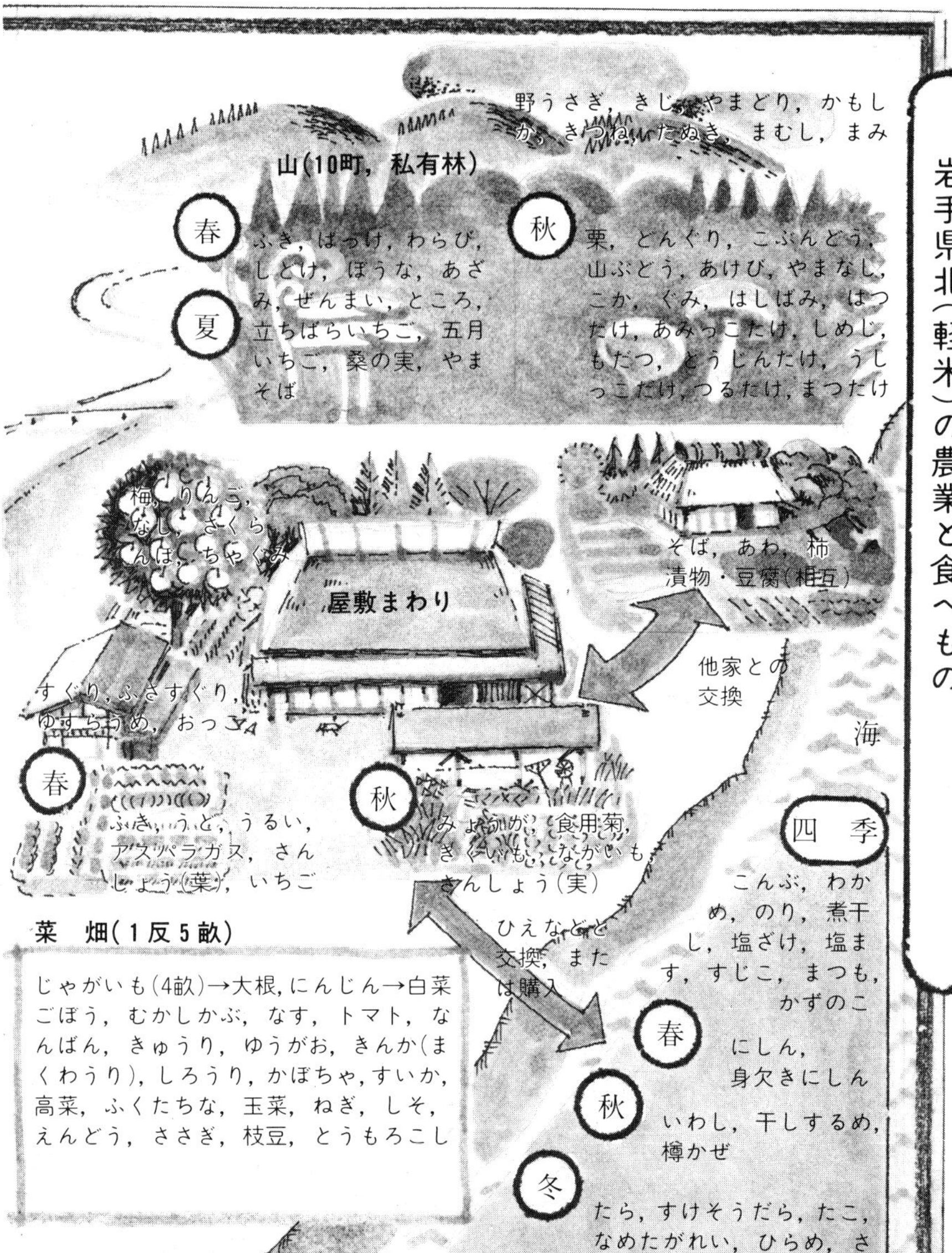
岩手県北（軽米）の農業と食べもの
山(10町，私有林)
野うさぎ，きじ，やまどり，かもしか，きつね，たぬき，まむし，まみ
春
夏
ふき，ばっけ，わらび，しどけ，ぼうな，あざみ，ぜんまい，ところ，立ちばらいちご，五月いちご，桑の実，やまそば
秋
栗，どんぐり，こぶんどう，山ぶどう，あけび，やまなし，こか，ぐみ，はしばみ，はつたけ，あみっこたけ，しめじ，もだつ，とうじんたけ，うしっこだけ，つるだけ，まつたけ
梅，りんご，なし，さくら，んぼ，ちゃくみ
屋敷まわり
そば，あわ，柿
漬物・豆腐(相互)
他家との交換
すぐり，ふさすぐり，ゆすらうめ，おっこ
海
春
ふき，うど，うるい，アスパラガス，さんしょう(葉)，いちご
秋
みょうが，食用菊，きくいも，ながいも，さんしょう(実)
四　季
こんぶ，わかめ，のり，煮干し，塩ざけ，塩ます，すじこ，まつも，かずのこ
菜　畑(1反5畝)
じゃがいも(4畝)→大根，にんじん→白菜
ごぼう，むかしかぶ，なす，トマト，なんばん，きゅうり，ゆうがお，きんか(まくわうり)，しろうり，かぼちゃ，すいか，高菜，ふくたちな，玉菜，ねぎ，しそ，えんどう，ささぎ，枝豆，とうもろこし
ひえなどと交換，または購入
春
にしん，身欠きにしん
秋
いわし，干しするめ，樽かぜ
冬
たら，すけそうだら，たこ，なめたがれい，ひらめ，さが，きんきん，ほっけ，なまこ

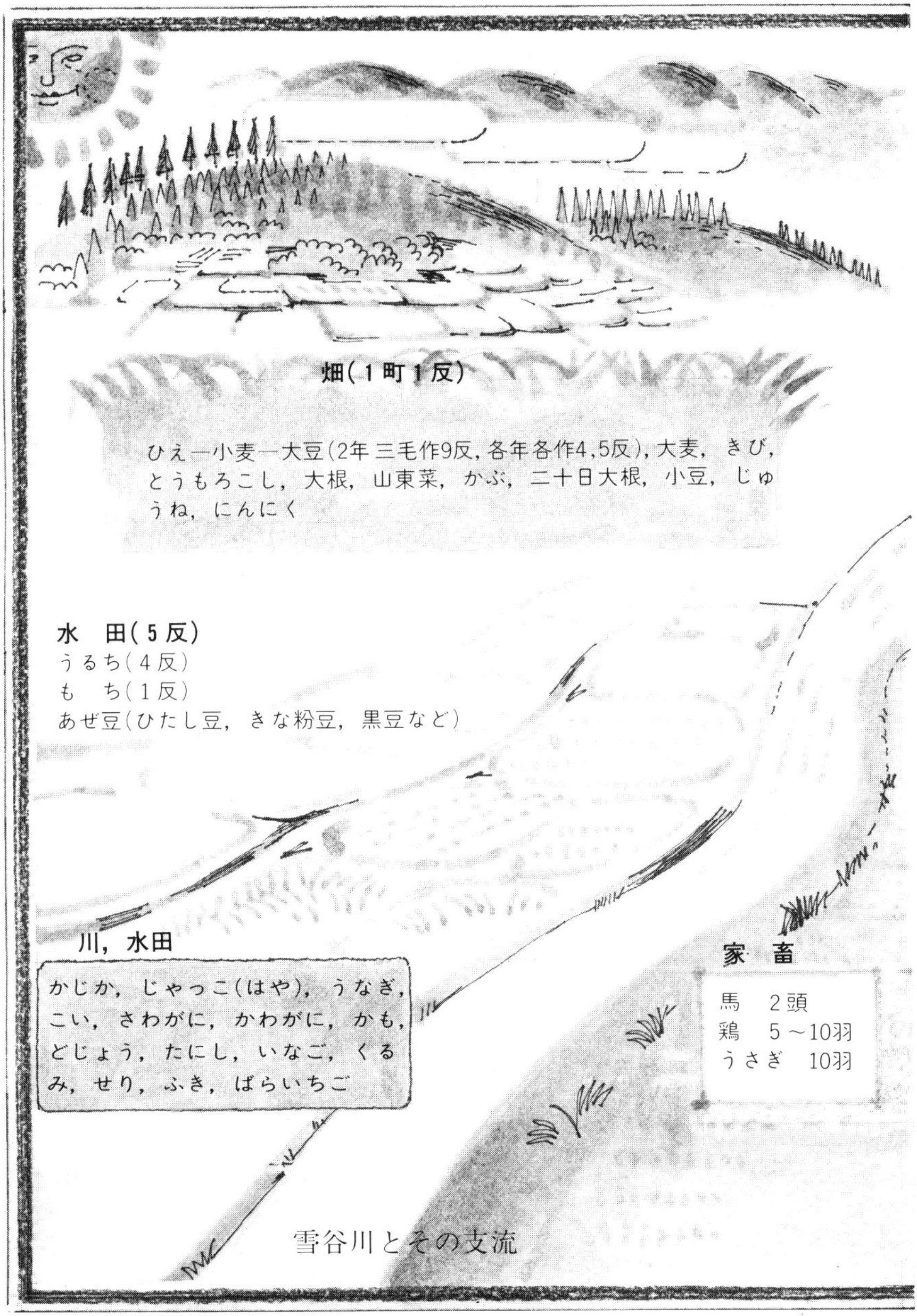
畑(1町1反)
ひえ―小麦―大豆(2年三毛作9反，各年各作4,5反)，大麦，きび，とうもろこし，大根，山東菜，かぶ，二十日大根，小豆，じゅうね，にんにく
水　田(5反)
うるち(4反)
も　ち(1反)
あぜ豆(ひたし豆，きな粉豆，黒豆など)
川，水田
かじか，じゃっこ(はや)，うなぎ，こい，さわがに，かわがに，かも，どじょう，たにし，いなご，くるみ，せり，ふき，ばらいちご
家　畜
馬　2頭
鶏　5～10羽
うさぎ　10羽
雪谷川とその支流

伝統食にみる先人の知恵

鷹觜テル

このごろ私が愛読しているアレキシス・カレル著『人間この未知なるもの』という本の巻頭に、「現代文明は人間をわすれて暴走した。そして人間はひ弱になり、癌、糖尿病、アレルギー、精神病が激増し、人間疎外が広がる」と書いてある。私はこのことばに深い共感を持った。私たちの身のまわりは物質文明にふりまわされ、加工食品が食卓を占領して、昔からのおふくろの味は姿を消してしまった。たまたま郷里の老母たちと話していると、きびしい気候風土と貧しさのなかで、いかにして大切な家族に、土産土法で腹一杯温かいものを食べさせようかという、何十年も前の苦労話に胸を打たれるのである。昔は主婦の手作り料理を通して家族の心は堅く結ばれていたが、今は食事から家族愛が失われつつあるのではないだろうか。

さらに、昔の食生活、すなわちその土地に生産された五穀や大豆を活用し、それに野菜を組み合わせ、魚を丸ごと食べ、手づくりの発酵食品（味噌、醤油など）を食べていたころに比較して、昔なかった病気が多発し、成人病が低年齢層にまで及び、食生活の変化と健康の問題が新たに注目されるようになった。

今こそ、家族の生命をあずかる者としては、心身ともに健康的に過ごしたころの食生活を見直し、伝統食のなかに生きている心と技を学びとり、新しい健康食を考えるための素材とすべきではないだろうか。そのことについて述べてみたいと思う。

日本古来の晴食は家族の心の糧でもあった

日本人が昔から食べていた食事を体系別にまとめてみると、表で示すように、普通食（民俗学では褻《け》の食事という）と、晴《はれ》食（着物でたとえると晴着に相当する）に分けることができる。いいかえれば、人間の成長あるいは健康長寿を目的とした栄養食と、儀礼食としての晴食（共同飲食ともいう）との二つの流れがあった。

昔の食事は、過去、現在、未来という時間的経過とのかかわりで考えられた。過去というと、祖先や神々との供饗を意味する。また現在を大切にするために、食事を通して家族はもちろん、村内人や親族との相食をし、同席できない場合は、食物を贈与して心の交流をはかった。同席して同じものを食べるということで、人の心はことばを越えて通ずるものである。

このように過去、現在を大切にし、さらに未来にむけて五穀豊饒、人間の健康を祈願する祭りや共同祈願の行事が、晴食を通して行なわれたのである。

晴食行事は家庭内でも厳粛に行なわれ、主人は羽織袴をつけて、神々を拝み、晴食の膳に家族そろって座る。こうした晴食の行事を通しても、現代の子どもたちに欠けている宗教心、家族愛、人間愛など、豊かな心が家庭のなかに育つのではないだろうか。ところがこの晴食が年々家庭から姿を消しているので、もう一度現代の家庭生活のなかにとり入れてみては……と思うのである。

日本人の昔からの食体系

- 食制
  - 普通食（個人食事・褻の食事）
    - 1. 食事回数（2～5回）
    - 2. 主　食
      - 米と雑穀
      - 穀類と大豆の発酵食
    - 3. 副食物（魚貝類,海草,野菜,木の実）
    - 4. 調味料
  - 共同食（晴食）
    - 1. 神仏祖霊との供饗
      - イ　前供
      - ロ　祭典
      - ハ　共同祈願
    - 2. 人々との相食
      - イ　村内人との
        - ・労働休日
        - ・坂迎（旅行・帰還）
        - ・普請
        - ・冠婚誕葬厄
        - ・請密会
      - ロ　村外人との見参
    - 3. 食物贈与
      - イ　陰膳
      - ロ　送り膳
      - ハ　食物の配分
      - ニ　調理技術の交流
    - 4. 替り物と酒宴
  - 特別食
    - 1. 病人食・食禁・薬用食
    - 2. 別鍋慣行
    - 3. 男飯女飯慣行

出典：森嘉兵衛博士資料より

昨年、東南アジア地区の家政学セミナーが開かれたが、そのさい、外国の出席者が、「日本は昔からの伝統的家庭管理慣行を惜しげもなく捨ててしまっていることは問題だ……」ときびしい批判をしていたが、大いに反省すべきであろう。

身土不二の伝統食

わが国は今や世界の食卓といわれ、容易に各国の食品にふれることができるが、風土までは簡単に輸入できないところに、健康上の問題が起きてくる。「エスキモーの食生活と健康」について広範な研究を行なったオットー・シェファー博士の報告によると、ほんの一世代前のエスキモー食は、猟による獲物、豆類、魚類、季節にあった果物や野菜類、ツンドラで育った草がいっぱいつまったトナカイの胃の内容物からつくったグリーンサラダ、葉の多い緑色野菜や海草類などであり、糖類はほとんどとっていなかった。その後かれらは遊牧生活をやめ、定住生活に入り、収入を得て購入食にうつった。いわばエスキモー人の伝統的な食生活を捨て、西洋化した食生活になってから、その家族に健康上大きな変化が起こった。子どもは早熟になり、体格はよくなったが、その半面、虫歯や肝臓病、さらに白人がかかる心臓病に冒され始めたということである。

「人とその人の住む環境は二つならず」というのが、身土不二の言葉のもつ意味である。したがって、外国の食品や季節はずれの食品は娯楽食としてはいいが、原則として毎日の健康維持のための食料としてはさけたほうがいいということである。その意味からも、その地域で何千年と食べつづけてきた伝統食を、現代に呼び戻す必要性が生まれてくるのである。

食農一体の伝統食

「食卓の延長に作物があるべきだ」といわれているが、これこそ農村の食生活のあるべき姿を表現したことばだと思う。農家の食生活の長所は、自分たちの手で、家庭の健康によい、安全な食べものをつくれるという点にある。ところが、今の農村の生産計画は商品作物中心で、農業は企業化している。そのため現金収入は多くなるが、農家自身が購入食品に依存し、食生活は画一化の傾向をたどっている。そして自給自足体制の食農一体の伝統食から、加工食品中心の購入食に変化した地域ほど、昔なかった農村病が多発しているのである。

さきごろ私は、食農一体の伝統食を今も実行している農家を訪問する機会に恵まれた。交通不便な山奥にあるこの家は、昔ながらの自給自足の生活で、家の庭には放し飼いの鶏が歩きまわり、池には川魚が泳いでいた。畑は計画的に区画され、栽培野菜が四〇種類、雑穀、豆類、果物など、ありとあらゆるものが生産されていた。

この農家の主人の話によると、「部落の人たちはみな、タバコやホップの換金作物に切り換え、白米や即席めん、清涼飲料、漬物まで買って食べている」という。ところが昔に比較して早死する人が多くなってきたので、この農家の主人はいろいろ考え、家族の健康を守るため、寒冷僻地で可能な作物のすべてをつくり、それによって食生活を営み、換金作物には切り換えなかった。

こうした食生活の恩恵か、この家の人たちはみな健康で、長寿を保っているようであった。このように家族の健康を前提とした細かな作付と稲作が生み出す豊かな食生活は、自給農家ならではと感心した。

伝統的な食生活の知恵を守りつづけた一一六歳の中村翁

一一六歳十か月の生涯を生きた、岩手県釜石の中村重兵衛翁の食生活について述べてみよう。

献立の表をみてもわかるように、漁村は漁村らしく、その土地に生産される魚や海草を副食とし、魚も一物全体食の知恵を生かしたたたき料理（骨、皮、内臓ごと叩いて酢味噌で食べる料理）や、内臓を活用した料理が多い。

つぎにその食事の特徴をあげてみよう。

①水田がない地域であったため、畑作物と海産物が中心となり、七七歳まではめのこ飯（あわ、ひえを主体として、めのこごんぶを細かくくだいて混入した飯）を主食とし、その後は大麦を四割混入した。これによって成人病予防に

中村翁（116歳）の献立と健康状態

年齢	一日の献立例			
	あさ	ひる	よる	間食
116歳	麦飯 みそ汁（わかめ） としる（あわびの臓物） 小あじのたたき	ゆで卵 生うに	麦飯 魚汁（どんこ汁） 煮しめ ひじき・白魚・にんじん ほうれんそうのおひたし	柿 さつまいも
77歳頃	めのこ飯 （こんぶ・あわ・ひえ・麦） 小いわしのたたき つけもの	めのこ飯 みそ汁（わかめ） としる 干魚 つけもの	めん料理 かつおの刺し身 大豆とこんぶの佃煮 つけもの	ごませんべい トマト

健康状態　血圧　最高170　最低110
尿蛋白＋　糖尿－　肝機能　正常
血清　Colestelol　167mg/dl
出典：鷹觜テル「現代の食生活の動向と長寿に関する研究」
岩手大学学芸学部年報 30（1970）

必要なパントテン酸、コリン、ビタミンB_6の摂取が充足された。

②蛋白源は、飽和脂肪酸の少ない魚貝類に依存し、とくに生うにやとしる（あわびの内臓）、どんこ汁（どんこという魚の頭も内臓も入れ、野菜をたっぷり組み合わせた味噌汁）を好んで食べた。獣肉は宗教上一生摂取しなかった。このようにコレステロールをさけて、上手に良質蛋白質を摂取したので、血管壁の若さは五〇歳代といわれていた。

③カルシウムのとり方も充分で、老人に多くみられる骨多孔症をさけることができた。この地域の郷土食にはたたき料理が多い。早朝、海からとれたばかりの小魚（小あじ、小いわし、たなごなど）を骨ごと叩いて、酢醤油と季節の香辛野菜で食べる料理である。捨てるところなくどの部分も活用するので、良質蛋白質、カルシウム、ビタミンA、B_2、鉄分などが十分に補給された。

その他、この土地でとれる柿やいも類、野菜を豊富にとり、ビタミンCや食物繊維も十分補給された。

このように身土不二によるバランスのとれた伝統食で、人生の道程におけるいろいろな病気をさけ、老人の命とりといわれる動脈硬化と高血圧をのりこえて、一二〇年近くまで生き抜いた中村翁の食生活は、これからの私たちの食生活の指標となり得るものである。さらに伝統食再確認の重要性をも物語っている。

現在、さまざまな情報がとびかうなかで、「民族食として何をえらぶべきか」ということが最大の問題である。日本民族は今、欧風化の道をたどっているが、そのアメリカが成人病に悩まされており、青少年の非行問題が深刻化しているという。私たちは今までの伝統食にみる先人の知恵を素直に受けとめ、これらと融合した新しい健康食を考える時期にきているのではないだろうか。

国ではこのたび、伝統食品研究会を組織し、便利性のみ追求して加工食品に依存している現在の食生活をただすために、風土に定着した特産物を利用した手づくりの伝統食品を見直そうという気運が高まっている。時を得た研究といえよう。大いに期待したいものである。

（たかのはし・てる　岩手大学教育学部教授、岩手大学付属小学校校長　一九八四年記）

秋田

米と雪の国で培われた発酵食文化の粋 秋田の食

天保九年（一八三八）、秋田の領民は、一人平均一斗の米をこうじに変えていました。豊作の年のことではありません。飢饉と冷害のつづいたまっ最中の年のことです（『秋田県史』食物編）。米こうじ――それは、秋田の独自な自然を、食として人間の内に取り込む媒体です。秋田の自然と秋田の人間を、食において結びつける「ご媒酌人」の役割を果たしているのが米こうじなのです。そしてこの「ご媒酌人」が、秋田の味覚の立役者ともなっているのです。

昔から秋田は、米と雪の国と言われてきました。米の増反増産は、佐竹藩政以来の〝藩是〟〝県是〟だったし、「かまくら」に象徴される豪雪は冬の秋田の自然と生活そのものです。この米と雪が、秋田びとをして、独自な発酵食文化をつくらせたのでありました。乾燥した、カラカラ天気の太平洋側とちがい、雪深い、適度の湿り気のある長い冬は、その貯蔵食物の発酵に格好の環境を与えてくれます。豊富な米は米こうじをたっぷり提供し、貯蔵食物の発酵をさらに上等なものとし、本来そのものにはなかった味をひき出し変化させ、彫りの深い種々の発酵食品をつくり上げてくれたのです。

はたはたは、秋田の伝承味覚の今ひとつの立役者です。初冬の頃、雷鳴とどろく日本海の荒海でとれたはたはたは、男鹿半島や八森地区に大量に陸上げされ、人びとは内陸の町や山村からも馬をひいて買いに来ます。馬一頭に振り分け二〇貫ぐらいかけて帰ります。そのうち五貫ぐらいは、はたはたの飯《い》ずしに加工し、このとき漬けたはたはたの一匹ずしは、秋田の正月の祝い魚ともなりました。米と雪と海との、食における見事な出合いです。

このはたはたの貯蔵・発酵技術も一様ではありません。季節の移り変わりに応じ、また、ハレの食事とケの食事と、種々多様な料理として登場していきます。すしはたはたは、年越しに間に合うように漬ける切りずし、正月から二月にかけて食べる一匹ずし、田植えまで保存して食べる塩漬、こぬか漬とつづき、さらにこの塩漬はたはたを春、二日間ほど水で塩抜きして再びこうじですしにして田植えどきに食べます。また、漬け込み中に出てくる汁は、いわゆる塩汁（しょっつる）として一家で三升、五升もつくっておき、調味料として年じゅう使います。雌の卵もまた、塩漬発酵させて押しぶりこに……。

野菜の漬物の中にも、こうじや玄米、ふかしなどを加えた発酵によって味を調えているものが多いのも、秋田の特徴です。なすのふかし漬、切り漬なすに黄菊と赤なんばんを入れたなすずし、大根のなた漬、こうじ漬、干し大根の玄米漬、赤かぶの丸漬など、こうじから甘味をとって味を調えた数多くの漬物があります。いぶり大根は、囲炉裏の火の上で燻製《くんせい》になった大根を糠《ぬか》で漬け込んで独特の甘味と香りをつくり出しました。まさに〝雅香〟（がっこ）の名にふさわしい秋田の漬物の逸品です。

塩辛類も多くは塩にこうじを加え、長い月日をかけて低温で発酵させたもので、いか、にしん、あゆなどの塩辛のほか、ひき割り納豆に塩とこうじを加えた醤油の実、これに類するひしお、とうぞうなどもあります。長く寒い冬の夜を過ごすのに、どぶろくは欠かすことのできない常備食です。全国一、二位を争うという酒飲み県、どぶろく王国秋田は、たっぷり良質なこうじがあったればこそのことでしょう。

こうして、米でも野菜でも麦でも大豆でも魚でも、何でも発酵させ味を上げて食べ、飲む。それは、単に食通の秋田人の産物として生まれたのではありません。秋田における自然と人間の関係がそうさせたのです。

米と雪の国、秋田。雪深い冬の自然は、人間に食物素材の保存を要求し、人間は、要求された保存を発酵技術に高めることによって食を豊かにする。自然の要求と人間の要求の一致。

米があってこうじがある。米とこうじが出合い、魚とこうじが出合う。野菜とこうじが出合い、大豆とこうじが出合う。出合いは出合いを呼び、米、魚、野菜それぞれがからみ合い、ミックスされ、独得の一大発酵食王国を築いてきたのです。

こうじを使った保存と発酵。それは、自然の要求と人間の要求が一致した、秋田の食事の原風景であり、受け継がれ、磨き抜かれた伝承技術の結晶です。それはまた、地域を排除し、自然を人間から遠ざける今はやりのバイテクとは似て非なる、地域と自然を人間に取り込む、真のバイテク食文化の大先達でもあるのです。

奥深い、羽後の国で培われた発酵食文化の粋「秋田の食事」をお届けいたします。

秋田の食事

「食べものだば なんとしても秋田だべ」

出来秋——たんぽを焼く（大館）

米と雪の国秋田。がっことはたはたの国秋田。雪と寒さを逆用した発酵・保存食の数々。

日本海、八郎潟の豊富な魚、早くから開けた水田の米、奥羽・鳥海山系などの山の幸を、それぞれ巧みな調理加工技術で料理に仕上げる。

たんぽ、だまこもち、貝焼《かや》きなべ、いぶり大根、どぶろくなど、そのえも言われぬ味覚の数々は、〝食通の秋田〟の名に恥じぬ、東日本食文化の頂点、味の一大王国を成している。

はたはたの切りずし（男鹿）

味噌踏み（味噌玉つくり）（鹿角）

正月田植え
1月15日の夕方，雪の中で行なわれる（中仙）

秋田の味覚の土台

多様な発酵食

　米と雪が、秋田の人びとをして独特の発酵食文化をつくらせている。

　半年雪に埋もれる生活は、逆に食物の素材の貯蔵技術を高めてくれる。からから天気の太平洋側と違い、雪深い、適度の湿り気のある長い冬は、その貯蔵食物の発酵に格好の環境を与えてくれる。豊富な米は、多様

はたはたずしをとり出す（男鹿）

なすずし（中仙）

けいとまま（大館）

こはぜずし（大館）

あけびずし（鹿角）

どぶろくの酛になる「からはなそう」の実

さまざまな形をした、どぶろくのびん

漬物小屋の内部（中仙）

米と雪、各種素材が織り成す発酵食文化の最高峰

な米食とともに米こうじもたっぷり提供し、貯蔵食物の発酵をさらに上等なものとし、本来そのものにはなかった味を引き出し変化させ、彫りの深い種々の発酵食品をつくりあげてくれる。

山菜ときのこの塩蔵もの（鹿角）
山菜：(上から)わらび，うど，あざみ，ぜんまい
きのこ：(左から)ますだけ,さわもだし,あかきのこ

大根の漬物３種（田沢湖）
(左から)なた漬，いぶり大根のこぬか漬，ぶどう漬

炒り大豆入りかぶ漬（鹿角）

なめ味噌のいろいろ（中仙）
上：（左から）しょうが味噌，油味噌，くるみ味噌
下：（左から）ごま味噌，にんにく味噌，ねぎ味噌

えびの塩辛（八郎潟）

県央男鹿

はたはた漁で名高い男鹿は、すしはたはた、しょっつるなど、秋田の味覚を代表する漁村である。十一月の末になると、漁業権のない家もにわか漁家に早変わりし、雷鳴とどろく初冬の漁に家じゅう総出で精を出す。少ない畑からとれるあんぷら（じゃがいも）でつくるあんぷらもちは、大切な準主食である。

あんぷらをすりおろす

すり鉢ですりつぶす

年取りのお膳（なまはげ膳）
（左上から時計回りに）水あぶりの煮もの，一ぴきずしとぼたっこ，さめの刺身，さめのすり身のすまし汁，煮豆，でんぶ
（中）ぶりこなます

あんぷらもちの食べ方　あんぷらもち（左上）に醤油の実（左下）をつけて。（右上）黒砂糖をかけて。（右下）味噌汁に入れて煮る

はたはた料理のせいぞろい ……………………………………… 左：（上から）切りずし，焼き魚，煮もの
中：（上から）一ぴきずし，塩汁魚
右：（上から）こんぶ巻き，白子の味噌貝焼き，押しぶりこ，ひろっこあえ，ぶりこなます

つるも（海草＝左）とつるも料理のすえこ

いわしのかまぼこの味噌汁，いわしのぬた

しょっつるをこす

しょっつるなべ

県央八郎潟

ふな料理のいろいろ

上：焼き魚，吸いもの，味噌貝焼き
下：たたき，刺身，煮つけ

納豆ごりの酢味噌あえ

えびの塩蒸し

いさじゃの塩辛

ちか（わかさぎ）のたたきの準備
味噌汁で煮て食べる

大根の切り口でちかをつぶし，卵とかたくり粉を混ぜてよくすり，平たく丸める

鴨貝焼きの準備――鴨をたたく

淡水と海水の入り混じった八郎潟は、海魚と川魚の両方が「水一升に魚四合」もとれる魚の宝庫。荒れる日本海とは違い、静かな潟では小規模な漁具で漁ができ、四季とぎれることなく食卓に上る。

鴨の貝焼きなべで食べるつけごの味は、各家ごとに伝承され、独自の食事の世界を形づくっている。

つけご　ごはんをすり鉢で軽くつぶし，一口大にとって，鴨貝焼きなべにつけて食べる

むらはずれに立つ、鴨、ふな供養の石碑

八郎潟の舟場

夏の夕食

県南横手盆地

正月のもち飾り

雄物川、玉川の流域に開けた横手盆地は、秋田の米どころ。作試《さくだめ》し、正月田植え、田の神膳など稲作儀礼の行事も多く、その恵みを生かした各種のごはん、年に四〇回も搗くもち、どぶろくなど、多様な米食文化をつくりあげている。

田の神膳

作試し

正月田植え

なべすりもち各種
（上左から）小豆もち、ごまもち
（下左から）豆の粉もち、ずんだもち

祝いのもちを搗く（本搗き）

田植えどきの小昼

麦飯を炊く

米どころ，横手盆地に広がる水田（中仙）

県北鹿角

ヤマセ常襲地の鹿角は米つくりが不安定で、畑や焼畑からの雑穀が食の土台。あわ飯や多彩なそば食が日常の主食で、栗やくるみ、ゆり根などが入った色ままが季節をいろどる。

また、秋田はたんぽ発祥の地であるが、地域によって微妙な個性の差がある。

元朝,「ぼぼから」をつって山仕事の安全を祈る

炭焼き小屋の内部

横槌でささぎをたたく

花輪の「市日」のにぎわい

もちあわと、うるちあわの畑

春の朝食

川がにの串焼き

そばはっとと、しぼり大根

つぶの卵かけ

いわなの貝焼き

味噌つけたんぽ　くるみ味噌やごま味噌，さんしょう味噌などをつけて食べる

県北米代川流域

山仕事のわっぱ弁当

米代川流域の秋田県北地方は、田あり畑あり山あり、水利にも恵まれ、食の素材は豊かだ。豊富な新米でつくったたんぽは、味噌つけたんぽや、比内鶏や秋の幸を入れたたんぽなべとして、収穫に感謝しながら食べる。畑からのとんぶりや、山仕事のときの弁当も〝大館曲げわっぱ〟として有名である。

かまぶく　米の粉と二度いも(じゃがいも)でつくる

とんぶり料理３種

（左から）やまいも(法事用)と，にんじんと大根あえ，菊の花を添えて

大根しみさ

左：大根とにんじん，右：大根葉

丸めて凍らせておき，味噌汁の実に使う

冬の凍《ほ》しもちづくり

新米をぜいたくに使う たんぽ

たんぽをつくる

一人がごはんを丸め、一人が杉の角串にのばしてつける

たんぽなべ

比内鶏の肉と内臓，ねぎ，ごぼう，せり，きのこなどを入れて

たんぽなべの材料

味噌つけたんぽ

雪穴に貯蔵していた大根をとり出す

奥羽山系の秋田ふき　ゆでて皮をひく

きゃの汁（正月中のおかず）
さわもだし，大根，にんじん，ぜんまい，ごぼう，あざみの茎，味噌汁

山菜料理のいろいろ（左端から時計回りに）わらび，こごみ，たらの芽，みず，みずたたき，わらびたたき，(中) ひでこ

どぶろくの器類
（左から）ひしゃげ，片口，かんなべ

山の幸の保存食
（上左から）しいたけ，さくらもだしとさわもだし，塩蔵わらび
（下左から）砂栗，おにぐるみ，干しぜんまい

奥羽山系（田沢湖）

山深い奥羽山系の食は、山菜、きのこ、山の動物、雑穀、米と多彩。冬越しの山の幸、畑の幸の保存食もいっぱい。どぶろくの製法は多岐にわたり、家ごとに少しずつ違う酒を味わい、長い冬の夜をすごす。

盆の料理や墓祝いは、この地の人びとの、先祖をあつく敬う心を表わしている。

山の神膳

墓祝いの重箱料理
（左上から）枝豆，ゆべし，すしとすいせん
（中上から）寒天（卵，しその葉入り，煮つけ，赤ものづけ
（右上から）てん，赤飯

墓祝い　盆には共同の拝み墓にみなが集まって酒盛りをする

ひとり貝焼きなべ　ほたて貝の貝殻を使ったつぶ料理

鳥海山麓由利

由利地方は、県内で最初に桜の花が咲く温暖なところで、季節の移り変わりもはっきり現われ、人びとはそれに従った海の幸、山の幸で暮らしをたてている。

たらしょっつる

だんごぞうすい

つき豆腐

うさぎのたたき

ほしか（はたはたの日干し）

あじゃら大根

秋田の食とその背景

はたはたの水揚げで港は活気づく（浅井クニ氏提供）

一、日本の中の秋田

——秋田の食の特徴

1、自給型食生活の原点

昭和初期、全国的視野から秋田県をみると、工芸作物など商品生産農業の発達が著しく遅れている。これは中央の工業地帯から遠く、交通輸送条件に恵まれていないためである。このことが秋田の農業や、農家生活や、とくに食生活を特徴的なものにしている。

その半面、長い間米の生産だけが督励されてきており、灌漑水の及ぶ限り収益性の高い水田に開かれ、米は農村の唯一の産物として、中央や県外に移出されている。

農家は、米を売った代金で衣類や生活必需品を買い求めることになるので、支出をできるだけおさえ、自給度を高めるために工夫する。米以外は自給農産物を中心とし、山や川や海から得られるものを多く採取して活用する。

したがって、自給を主とした食べものをどう蓄え、素材をどう組み合わせ、各素材の持ち味をどう生かし、毎日続く食生活にどう変化をつけ、年間の季節感をどう盛りこんでいくかが、生活の大きな努力目標でもあった。それに対しては、伝統の蓄積もあり、食生活の体系化が複雑でち密で、その完成度がきわめて高い。

このような自給主体の日本型食生活は、明治のころまでは各地で行なわれたのであるが、北国秋田は昭和初期までその原型が色濃く残されている地域である。素朴な食生活の材料に十分手間ひまをかけて、ていねいな料理に仕あげる。とくに神仏へのお供えや祝いの本膳などは、伝統的な技術も加わり、高い水準の料理を完成している。

2、明確な地域性

広大な面積をもつ秋田県は、たとえば気候一つをとってみても、標高と緯度の差はもとより、暖流と寒流による海洋気象の影響も大きく、これに水田化率も標高五一メートル以下が六二パーセント、一一〇メートル以下が二三・六パーセントなどとなり、標高三五〇メートル以上にも及んでいる。そのうえ藩政時代の歴史的背景なども加わり、麦、あわ、ひえ、きびなどの雑穀生産地が、収量が多くて経済性に富んでいる稲作へしだいに変わり、さらに大正から昭和の初期まで湿田が田区改正、耕地整理などとともに乾田に変えられ、反収が急増しただけでなく、これらの耕地の整備にあわせて耕地面積もふえていったので、昭和の初期には急に雑穀化率が低下し、基本食は米主体というように変わってきている。

しかし、飯米の食いのばし、むだづかい防止の具体策として、収穫したものはできるだけ販売し、自家用飯米はより経済的な南京米《なんきん》、広東米《かんとん》、政府払下げ米（古々米）などを求め、米に米をかてとして食いのばしをはかる方式が生まれる。

3、むらの暮らしと行事食、晴れ食の伝承

自給型食生活の遺存とも関連し、むらや家の行事と、行事にともなう晴れ食、行事食の伝統が色濃く残されているのも、昭和初期の秋田県の食生活の特徴である。

とくに鹿角地区や奥羽山系、鳥海山麓および出羽丘陵などでは、人々は山間や山麓の村で、二〇戸、三〇戸ていどの集落をつくり、相たずさえて生活をしており、お互いに深い地域連帯に支えられ、農作業なども相互扶助の「結《ゆ》い」を行なっている。そして、多くの信仰集団をつくり、地域ごとに産土神をまつるほか、年中行事には信仰、祈願的な意味を中心とした講があり、これらの集団は運命共同体ともいえる「むら」の結束を強め融和をはかり、地域に則した自給生産態勢や、それを活用工夫した食生活の伝統などが確立されている。食生活は生活の一部であり、食べることは、地域の生活に楽しみとうるおいを与える重要なものでもある。

さらに、行事食には食べものに季節感や新鮮味を加え、節約中心の平常食の栄養のかたよりを正す配慮があり、激しい労働をいやす役割も果たしている。

農休日は一か月四、五回平均あり、休日はきまって神仏の祭り日となり、晴れの食べものがつくられる。これが年中行事の中核をなしている。たとえば、十五夜にはお月さまにもちを搗いて供えたうえ、枝豆や栗やいもを供え、大黒さまの日には多くの豆料理をつくってお膳に並べて供え、冬至にはかぼちゃを食べ、油揚げ豆腐を食べる。県南では年に三〇回以上ももちを搗く日があり、そのたびごとにたっぷり小豆のついた小豆もちを食べる。祝儀、婚礼などの場合は、大仕掛けに豆腐巻きの引きものをつくって本膳に添えるなど、海から遠い内陸地方では、月二回以上は豆類を中心とした晴れ食をとり、米主体の日常食を補う栄養の調和がはかられている。

4、長い冬に備えて

東北秋田には美しい四季がある。春彼岸が終わると残雪はまたたく間に消えて、草も木もいっせいに芽吹く。種を播き、田植えを終え、畑仕事に追われ、大豆、小豆などをすっかり植え終わると、もう夏である。三〇度を超す暑さが幾日も続き、稲は分げつして田面に広がる。九月の秋祭りが終わると稲を刈り、十月は畑の野菜を収穫して冬に備える。初霜で木の葉は錦のように紅葉する。それに、あぜや野原は草紅葉を添える。十二月に入ると初雪が降り、一夜にして白銀の世界になる。毎年くり返す季節の変化は、そのたびごとに新鮮な興奮をおぼえるほどである。この間、雪の後先には霜が降り、霜のない期間は次ページの表

秋田県の無霜期間（『県気象九〇年報』による）

区分	平均晩霜	平均初霜	無霜期間
横手地方	四月二十八日	十月二十七日	一八二日
鷹巣地方	五月四日	十月二十一日	一七〇日
差	六日	六日	一二日

のように一七〇〜一八二日間で、この間にすべての作物が生育する。

東北の人々は、農業はもちろん、春の山菜とり、夏の魚とり、秋のきのことりなどにも精を出す。それは季節を味わうためのほかに、このように作物の生育しない期間、つまり食の素材が生産されない長い冬を通り越すための準備をする、ということなのである。

山菜,きのこ,野菜	水産資源 動物資源	特徴 （食文化の類型）
里芋が少ない	渓流魚	雑穀型（あわ，そば，大豆） （焼畑様式残存）
里芋が少ない	中流魚	米型 （プラス山文化）
馬鈴薯（あんぷら）が多い	生鮮魚，海草類豊富 すしはたはた	雑穀型 （沿岸，湖沼文化） しょっつる
野菜豊富	中流魚 （海・湖近し）	米・麦型 もち文化
里芋が多い （いものこ汁をやる）	中流魚 にしん，はたはた，いわしを大量塩漬	米型 米に米かて もち文化
山菜が豊富 きのこが豊富	渓流魚 潟魚	米型 雑穀混合
山菜，きのこ，栗	渓流魚	雑穀型 （あわ，そば，大豆）

したがって、食べものの保存と加工にも、北国らしい強い個性がある。漬物はとくに多くの種類が工夫されている。早春、安価で農村、山村までくまなく入ってくるかど（にしん）、いわし、晩秋のはたはたは大量に塩蔵されるが、その方式も地域によって微妙な違いをみせている。原料の特性に応じて干したり、凍らせたり、穴に埋めたり、あるいは魚類を飯《い》ずしにしたりして蓄える。

一般には、生活に対するマイナス面だけがみられている寒さや雪を、むしろ利用、活用する巧みな技術をよく身につけている。厳寒のころには凍《し》み大根、凍み豆腐、寒ざらし粉、寒もち、寒づくりのどぶろくなども田植え用として備える。これらはやがて来る春からの農繁期を考えて、労力に余裕のある冬の間に準備しておくものである。

食べもの，食べ方の特徴による秋田県の地域区分

地区名	主食			大豆の食べ方	
	おもな主食（①は第一のもの）	晴れ食の特徴	特徴的なもの	味噌など	豆腐など
県北 鹿角	①あわかて飯 粉かゆ そばきり	そば料理	だまこもち	玉味噌をつくる	豆腐，納豆など平常食 豆しとぎ
県北 米代川流域	①麦かて飯	そば料理	きりたんぽ	豆味噌 玉味噌	豆しとぎ・
男鹿 日本海	①麦かて飯	もち料理	あんぷらもち	豆とこうじの味噌	豆腐
県中央	①麦かて飯	赤飯	赤飯	豆とこうじの味噌	豆腐，納豆をよく食べる
県南 横手盆地	①麦かて飯 南京米	もち料理	豆腐巻き	なめ味噌	晴れ食の豆腐料理 納豆汁
奥羽山系（南）	①麦，米(南京米等)かて あわかて飯 ねりかゆ	もち料理	あわもち 米粉料理	豆とこうじの味噌	豆腐，呉汁を食べる
奥羽山系（北）	①あわかて飯 麦かて飯 かゆ類	そば，赤飯	ねりかゆ		納豆，豆腐粕，豆しとぎ

冬になると毎日踏み俵をはいて雪道を踏んで道を通す。深い積雪は不便であるが、山から薪や柴を伐り出し一年分を運搬するのは、この積雪を利用する。雪の下は一定して暖かく、零度よりは下らない。大根などの野菜穴は屋敷畑に四つも五つもつくるが、わらげぼち（わらの屋根）をかけて、その上を五、六寸ほど土で覆うと、穴の中は地熱で五度以下には下らない。この方式で大根、かぶ、にんじん、ごぼうなどを保存し、また畑に根のついたままの甘藍、白菜を密に寄せ植えし、その上に杉の葉をかけておき、そのまま雪を降らせて貯蔵し、必要によって雪を掘って新鮮な野菜をとり出す。さらに雪納豆は、屋根から下ろした固い積雪に穴を掘って、この中にわらやむしろで包んだ温かい納豆を埋め、そのままの温度を保ち、二昼夜で巧みに納豆をつくる。いずれも雪の利用法である。

この地方では、冷害、凶作に見舞われ、凶作が飢饉をまねくことが昔からくりかえされた。人々は凶作のための備蓄や食いのばしの方式や、食べられる自然の木の実、草の根などの利用方法をよく知っており、特徴的な救荒食の体系もつくりあげている。

風土による各地域の特徴（昭和初期）

象		農業生産			山の利用	海の利用
降水量	冷害の頻度	水田，畑関係	麦作	輪作，土地利用		
少～中	多	畑中心	小麦	小麦―間作大豆 菜園じゃがいも―大根	多い	少 塩物 干物
中	多	水田 畑	大麦 小麦	小麦―間作大豆 そば―大根，かぶ	多い	やや少 同上
中	多	畑中心	大麦 小麦	大麦，小麦―間作大豆 じゃがいも―大根，かぶ ほかにそば―大根	少ない	極多 鮮魚
多	中	水田中心	大麦	小麦―大豆，小豆 じゃがいも―大根 菜種―大豆	少ない	多い 鮮魚，塩物
多	少	水田中心	なし	菜種―小豆 れんげそう（緑肥）―稲 じゃがいも―大根	やや少	少 塩物 干物
多	多	畑，水田 （ひえ）	なし	菜種，じゃがいも―かぶ，大根	非常に多い	同上
多	多	水田 畑作	小麦	じゃがいも―大根	多い	少，干物 塩物

5、特異な調味料と大豆食品

料理の味つけに重要な役割を果たしてきた調味料についても、秋田は特色ある自給の形を残している。味噌については、県南では大豆、米こうじ、塩と合わせてつくるが、県北鹿角には、大豆に塩を加え、丸形に固めてしばらく乾燥した、玉味噌といわれる大豆だけの豆味噌もみられる。

　昭和初期は、まだ醤油は農村までは一般化せず、主として味噌桶に細長い竹かごを沈め、これから「たまり」をくんで使っている。これは、ひたしものにだけ大切に使い、煮ものには味噌をすり鉢ですり、これにこんぶや煮干しを入れて煮てだしをとり、布袋でこした「すまし汁」をおもに使う。これは古風なまろやかな味を持ち、晴れの料理の味つけの主役になっている。また、新鮮な葉漬の漬け汁を調味料として活用している。八郎潟の豊富な漁獲物や、季節ごとに海流に乗ってくる男鹿のはたはた、いわし、にしんなどが、最盛期には船や馬で大量に山あいの村のすみずみまでも運びこまれる。これを二、三箱買いこんで塩漬やぬか漬にしておき、年間焼いて食べる塩魚の大部分をまかなうが、これらの魚類に一定の塩とこうじを加えて発酵させた「しょっつる」という独

地域名	標高	気	
		気温	積雪
県北 鹿角	中～高	冷涼	中～やや多
県北米代川流域	中	冷涼	中～やや多
男鹿 日本海	低～やや低	夏冷涼 冬温暖	極少
県中央	やや低～中	温暖	やや少
県南 横手盆地	中	やや温暖	極多
奥羽山系（南）	高	冷涼	極多
奥羽山系（北）	高	冷涼	極多

特の調味料がある。これは、主として冬のなべもの料理のたれとする。

砂糖は貴重品であり、主としてもち搗きの小豆もち用である。一般の料理には、串柿、干しなつめなどを代用するほか、あめや甘ちこ（濃度の高い甘酒）をつくって、これに代用する。塩を調味料に使用する例も多い。納豆などは塩ときが最もよくねばり、味もよい。ごま塩、焼き塩、塩がゆ、魚の塩ふり、酒粕しょっつるなど、塩味料理も少なくない。

県内を基本食や、そのかてなどの性格によって、雑穀文化、粉食文化、もち文化などに類型化するとき、共通的な指標作物は大豆、と見ることができよう。イネ科主体の穀食体系において、豆類が蛋白質や脂質などを補う意味を持ち、晴れ食の主役をつとめている。しかし、大豆には表皮下の角質が消化されにくいという欠点があるといわれている。伝統的な調理法はそれをとり除くことが要点となっている。豆腐を中心とする豆乳系食品と味噌、納豆など発酵系食品、煮豆、きな粉に至るまで、その処理は理想的で、長い生活のなかでの工夫の蓄積を改めて見なおすことができる。とくに煮干し豆用の「におい黒」、きな粉用の「黄大豆」、ひき割り納豆の「小粒豆」などの地方品種もあるが、もやしはお盆料理、精進料理のほか、あまり一般的ではない。

夏の間は大豆をゆでただけで食べる「ゆで豆」があり、豆名月のお供えや、ずんだ料理に重要な役割を果たし、その量も案外多い。早生の品種から晩生の品種まで計画的に植えると、四か月間も食べられる。

県内には、豆腐が日常食とされている地域も広く、とくに盆や正月には料理の材料として豆腐をつくり、その豆腐粕も加工されて、すべておかずとなる。また水に浸した大豆をすり鉢ですった豆の呉《ご》を味噌汁に入れる呉汁は、豆腐と同様ときどきつくられ、豆腐の原型を推測させるものである。大豆の葉や大豆幹《から》は馬糧として貴重な飼料となるほか、マメ科植物の栽培は根瘤菌の作用によって土壌改良剤となることから地力維持の意義が大きく、農業の再生産に大きな役割を果たしてきている。食糧自給のために、各作物の作付けの組合わせ、最も収量のあがる輪作体系が工夫されている。

二、秋田県の地域区分

秋田県をその地形からみると、南北に長い長方形の西側が日本海で、東側は奥羽山脈となる。奥羽山脈のほうから日本海に向かって米代川、雄物川、子吉川が流れ、南北に日本海洋平野列、出羽山地、中央盆地列、奥羽山脈と並んでおり、北部の鹿角盆地、大館盆地、鷹巣盆地と秋田市周辺の広い海洋中央平野、それに県南部の広い横手盆地（雄平仙の平坦な平野）などがある（図参照）。

これを作物の栽培の面からみると「稲作地帯区分図」のように、秋田市以南の沿岸および内陸平坦地（Ａ１）があり、稲作に適し、極端な凶作に見舞われることも少なく、反収も高い。これを抱きかかえるような形で県北沿岸および県南中山間地帯がある。この地帯までは、いものこ（里芋）の栽培も多く、秋になると遊山や秋の味覚の行事として、よく「いものこ汁」が行なわれ、野外で秋の味を楽しむ。さらに、この地帯を重なって包むように、県北内陸平坦および県南山間部（Ｂ１）は北に広く、南は奥羽山脈の山麓を細く南下し、鳥海山麓に再び広がっている。この地帯は豊凶の差が大きくなり、畑作の比率が高くなる。これに重なるように県北中山間、県南高冷地になる。このＢ１、Ｂ２の地帯は、秋は季節の味覚として、県南のいものこ汁にかわって、きりたんぽ、または、だまこもちとなる。また県北や山間地は、いものこがずいきいものこ（親株を主として食べるいものこ）の地帯となる。

県北は、さらに県北高冷地、県北極高冷地と続く。畑作

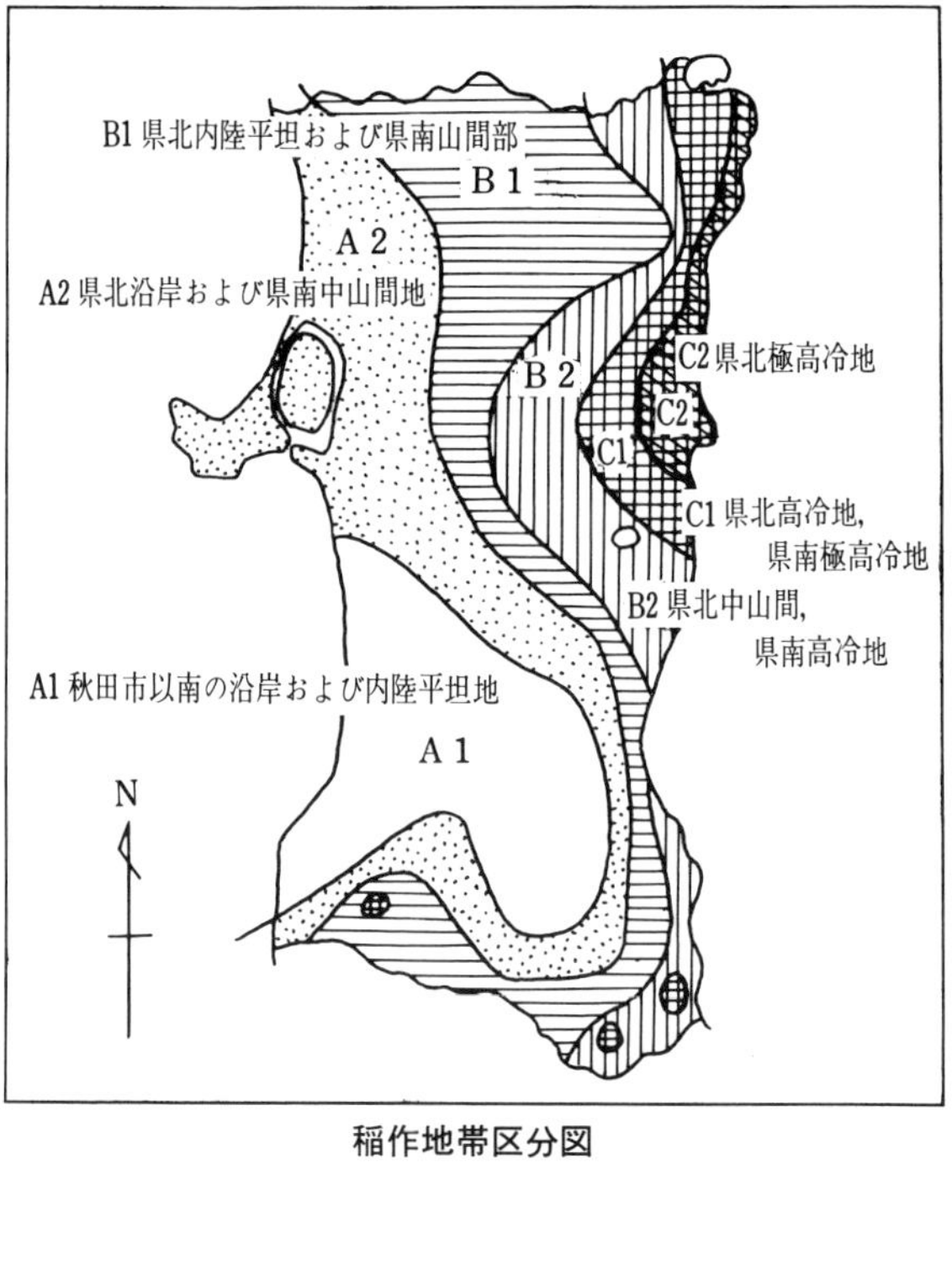

稲作地帯区分図

を中核とする地帯で、あわ、そば、きび、ひえなどが重要な作物となる。多くの豆類を加工して食糧とするが、味噌は玉味噌で、米こうじは入らない。県北鹿角の雑穀と玉味噌の存在が特徴的である。

東の奥羽山系では、積雪が多いため麦類などの冬作はできない。山間の村々には、あわや、冷水がかりのひえ栽培がみられ、山菜、きのこの利用が多く、阿仁またぎ、桧木内またぎ、田沢またぎ、栗沢またぎなど、またぎ部落の影響もあって、山の動物と川魚類への依存度が大きい。男鹿半島を中心とした日本海岸は、はたはた、いわし、にしんなど季節的な漁獲があり、そのたびごとに奥羽山麓の村々にまで塩蔵用の魚を入れる。八郎潟からは多量の淡水魚が揚がり、冬季は全県的に利用される。

米産地本荘および雄平仙の広大な横手盆地は、もち搗きの度数も多く、またいろいろの食べ方や、予祝の飾りもちを発展させ、特殊なもち文化をつくりあげるとともに、どぶろくつくりについても情熱的な工夫がこらされる。

広い平坦地の中には、全く山のない村も多く、水田率が高かったが、水田のくろにあぜ豆を植えたり、苗代にすじ状に島をつくって豆を植えたりと、自家用大豆の栽培に力を入れ、豊富な味噌や豆料理をつくることに力を入れている。

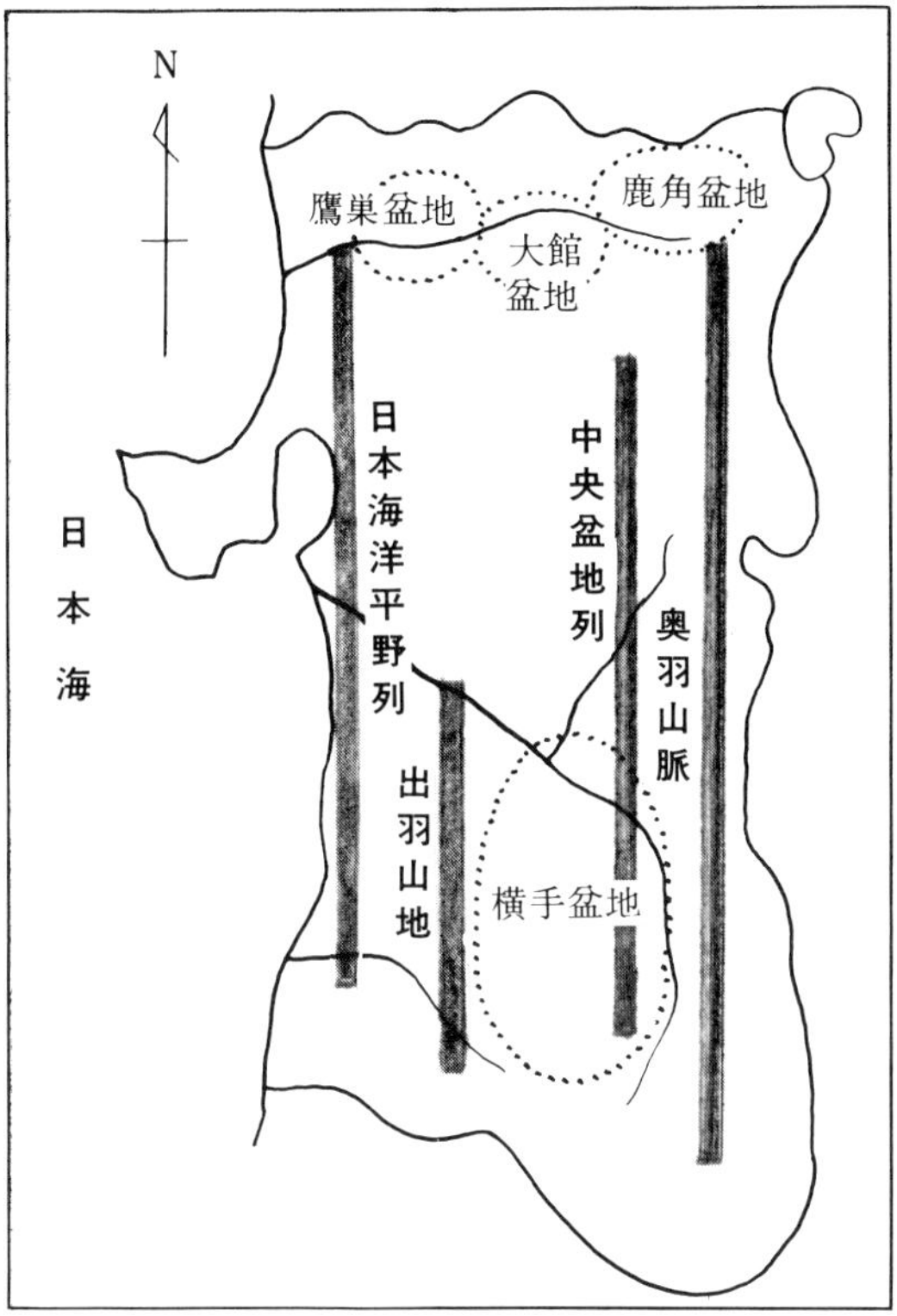

秋田県の地形（秋田農試）

低温の中で、長い時間をかけて発酵させるどぶろくの寒づくり、はたはたなどの飯《い》ずし、豆腐やこうじ入りの塩辛、こうじや蒸しを使った漬物類、米ぬかをたっぷり使った内干したくあん等々、まろやかな味をもつ発酵食品が特殊な発展を示しているのも、秋田の食事の一つの特徴である。

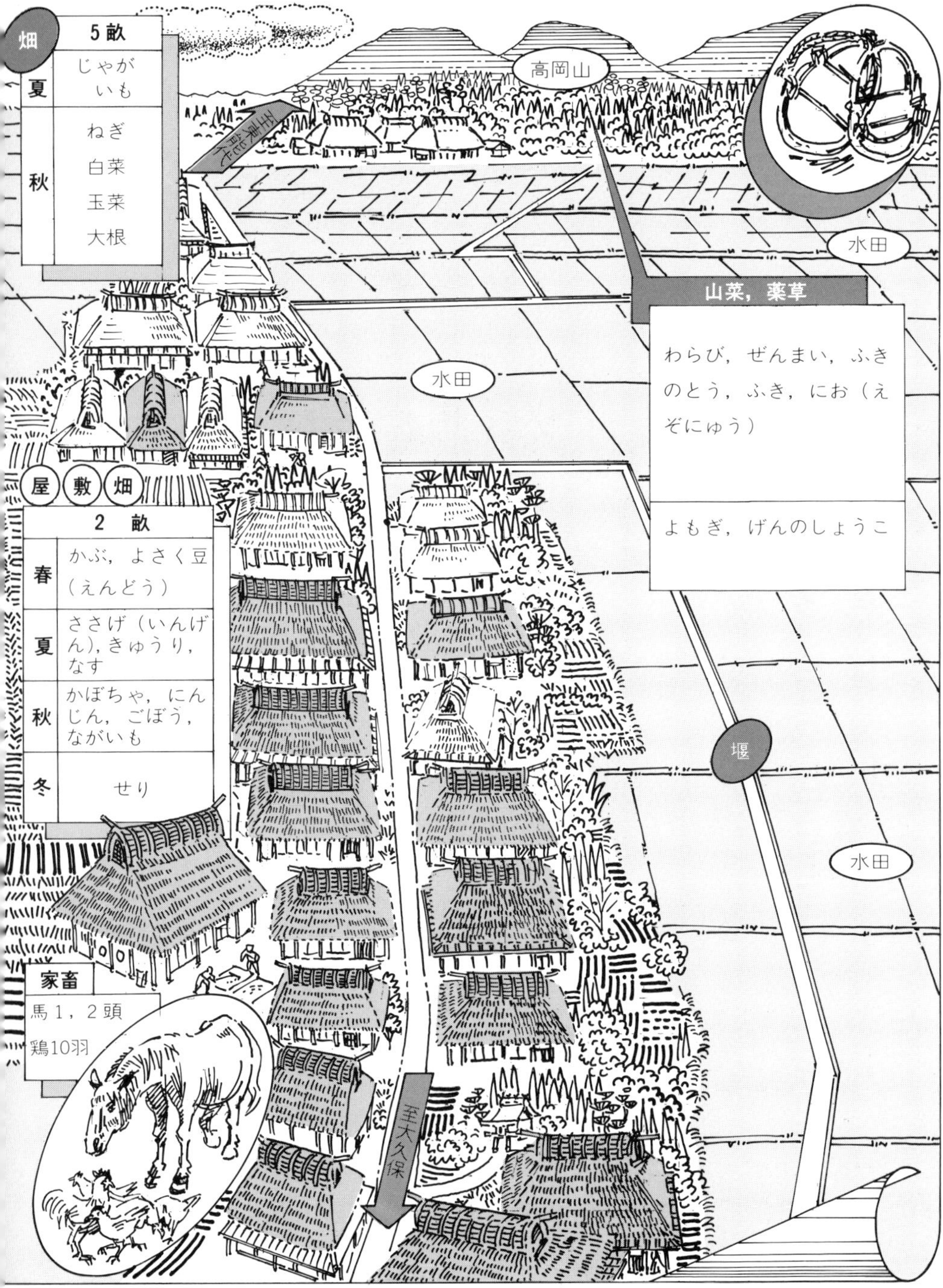
畑
5畝
夏 じゃがいも
秋 ねぎ 白菜 玉菜 大根
至東能代
高岡山
水田
山菜，薬草
わらび，ぜんまい，ふきのとう，ふき，にお（えぞにゅう）
よもぎ，げんのしょうこ
水田
屋敷畑
2畝
春 かぶ，よさく豆（えんどう）
夏 ささげ（いんげん），きゅうり，なす
秋 かぼちゃ，にんじん，ごぼう，ながいも
冬 せり
堰
水田
家畜
馬1，2頭
鶏10羽
至大久保

県央八郎潟(八郎潟町)の漁業・農業と食べもの

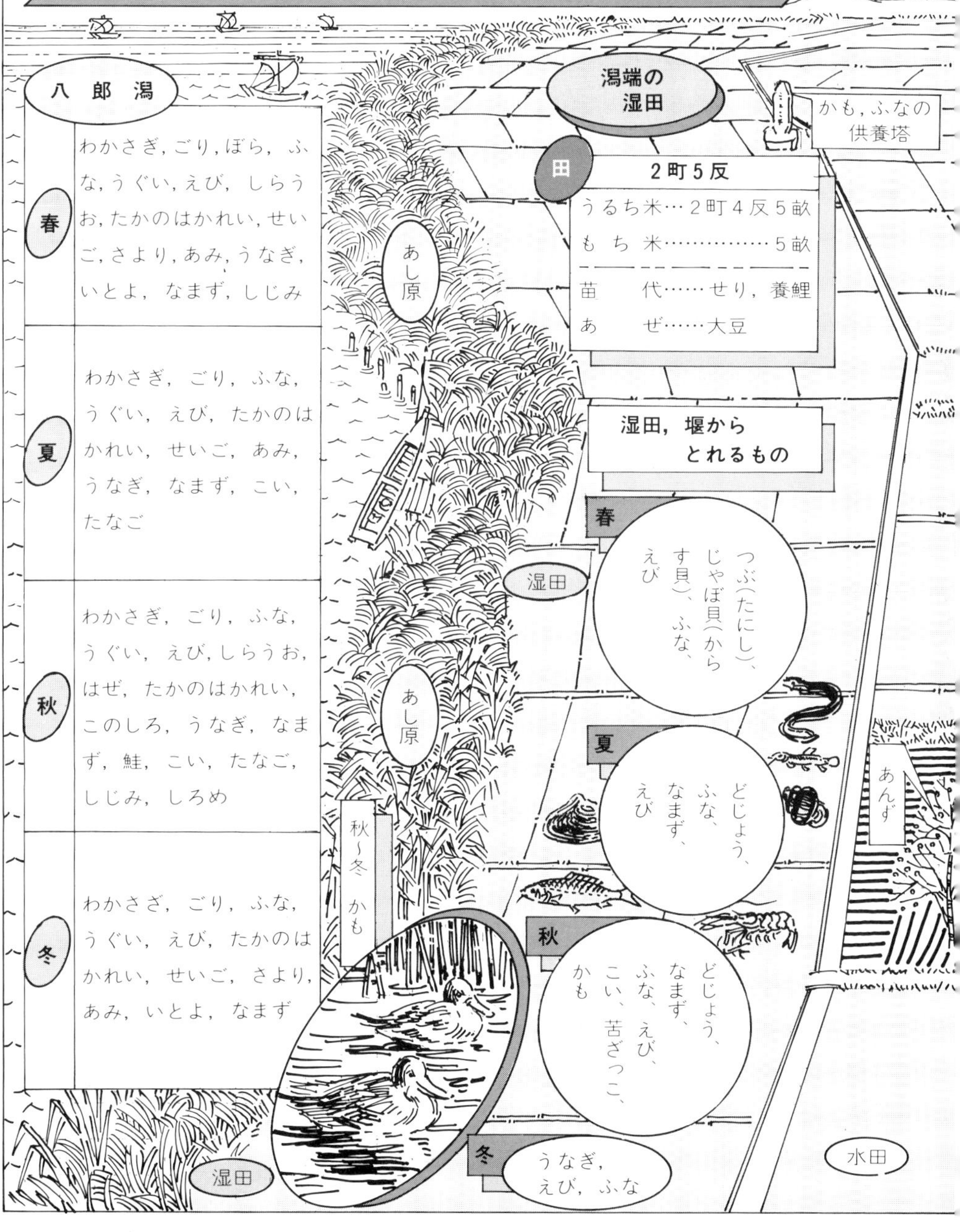
八　郎　潟
春
わかさぎ, ごり, ぼら, ふな, うぐい, えび, しらうお, たかのはかれい, せいご, さより, あみ, うなぎ, いとよ, なまず, しじみ
夏
わかさぎ, ごり, ふな, うぐい, えび, たかのはかれい, せいご, あみ, うなぎ, なまず, こい, たなご
秋
わかさぎ, ごり, ふな, うぐい, えび, しらうお, はぜ, たかのはかれい, このしろ, うなぎ, なまず, 鮭, こい, たなご, しじみ, しろめ
冬
わかさざ, ごり, ふな, うぐい, えび, たかのはかれい, せいご, さより, あみ, いとよ, なまず
あし原
あし原
秋～冬 かも
湿田
潟端の湿田
かも, ふなの供養塔
田　2町5反
うるち米…2町4反5畝
もち米……………5畝
苗代……せり, 養鯉
あぜ……大豆
湿田, 堰からとれるもの
春　つぶ(たにし)、じゃぼ貝(からす貝)、ふな、えび
夏　どじょう、ふな、なまず、えび
秋　どじょう、なまず、ふな、えび、こい、苦ざっこ、かも
冬　うなぎ, えび, ふな
湿田
あんず
水田

私を育てた秋田の食事

小野清子

もう半世紀も過ぎた（生まれてから）……。それなのに、季節ごとに「茸」「きりたんぽ」「塩汁《しょっつる》」「りんご」「八つ目うなぎ」等々、子供時代の食べ物を捜し求めて買ってきては、わが家の食卓にのせている。「おいしいね、ママ、秋田のものって」、私は自分が好きでおいしくて秋田の味を求めると同時に、子供たちがそれらを好いてくれるのが、なおうれしい。

毎年国立競技場で、㈶日本スポーツクラブ協会が主催して、スポーツクラブの〝大祭〟を行なっている。約一万人の方々が、日頃やっている水泳、体操、サッカー、バレーボール等それぞれのスポーツを離れて、全員が陸上競技、走ることを楽しむ一日なのである。

昨年は六回目だったが、幸いにもいつもよく晴れてくれる。おにぎりを持ち、青空の下で、汗と応援の喜びと満腹を味わう。そして少々の疲労感は、何ともいえない幼い日にもどったような気持になり、大会の責任者であることも親であることも、一瞬どこかへとんで行ってしまう。それは、小野（喬）の体操の大先輩で、元、神宮大会に出場された草皆さんご夫妻が「かすべ」を煮て持って来て下さる、この力が何といっても大きいと思う。

かすべは、秋田のお祭りの時には欠かせない味である。「全部食べられるかすべって知ってる？」ほとんどの友人は首を横にふる。私は一層うれしくなる。非常に味わい深い、こくのある、歯ごたえのある、魚。時間ができたら、ゆっくり煮て、皆に食べさせてあげたい。

子供の頃はあまり好きではなかったのに、今になって、帰秋すると駅前の市場で必ず買うのが、「えご」「菊」「筋子」。自分でもおかしくなってしまうが、味覚が冴えている幼少時に口にした品には、月日をえてその味が理解できるようになるものらしい。

しかし、小学生時代は半分が戦争中で、後半が戦後。給食の始まりはわかめ汁だけのものだったことを思い浮かべると、わが子の給食メニューは、デザート付きで驚くばかりである。そのワカメ汁の前は、一缶のジュースが一教室ごとに配布され、べんとう組の蓋に、ほんの一口ずつしかなかった。

秋田とはいえ、お米のかわりにさつま芋、豆、砂糖が届いた時代で、さめ（鮫）が毎日続いたり、天ぷらの油が不足して、苦労していた母のことなどが思い出される。しかしこうした苦労の時代より、ひと時でも恵まれた時代の味覚が思い浮かぶのは幸せなことだ。肉食よりは魚が中心で、骨まで食べられるよう、よく煮たさんまや、鱈、今になればすべて懐かしい。

日本海の魚で私は大きくなったようなものだ。はたはたも最近は獲れなくなったようだが、秋田とはたはたは切っても切れないものがある。考えてみると、その素材のおいしさを十分に味わうことができた子供時代であった。それにひきかえ、今の子供たちは、加工品の時代に入ったような気がする。食べている品物を見てみると、肉でも豆の加工品であったり、魚でもビスケットになったり、野菜がおせんべいになっている。無意識で生活をしていると、食べている品が何か、全く分からないことになってしまいそうである。表示を見てはじめて、私は何を食べている、と認識する時代になっているのかもしれない。

アメリカに出掛けたとき、向こうの人に、「子供にビタミン飲ませている?」と聞かれて驚いたことがあった。加工食品の最先端を行くアメリカでは、壊れたビタミンは補給することが常識になっているのであり、疲れた大人が摂取するのがビタミンではないのである。それにしても、飽食の時代といわれる中で、カルシウム不足、鉄不足、栄養全体不足と、不足の多いこと。

私たちの子供時代のおやつは、親に作ってもらわないと、自分では火をおこしたり簡単にできないものばかり、だから自然に木の実をとったり、草花をおやつがわりにし、秋田の市街でも十分にそれが楽しめた。ところが今の子供たちは、お店に行くか、お湯があると、大抵は間に合ってしまう。

私が一番恐れるのは、自分の子供たちが、どこの国の人なのか分からなくなること。故郷へ帰りたい、こう思うのは、懐かしい家や自然と共に〝味〟なのである。どこでも食べられるもので大きくなったら、故郷などどうでもよくなってしまう。お母さんの味が恋しくて家へ帰る、これがなくなったら……。

家族の人数も多いほど味も深く、おいしさも増すものだが、お父さんが留守がちで、お母さんと、一人二人の子供との生活では張り切って料理に力を入れる気にもなれないかもしれない。祖父母と三世代家族の家では、食事にかける気の入れ方も違ってくるし、こうして考えてみると、環境の変化は、味の世界にも大変な影響を与えていると思える。

これからは国際化時代になっていくわけだが、その国々の独特の料理が存在するところが旅の楽しみでもあり、それが、そこに住んでいる人々の文化を知る上でも手がかりとなる。東北は雪国で、冬の食物の確保が大変、そこで保存食が考えられたわけだが、同じ保存でも、塩汁のように塩を中心にした秋田と比較すると、フィンランドのように、同じ雪国でも保存の仕方が全く違って、鰊などは甘い酢漬になり、骨もみな取りのぞいてあるので食べやすく、子供から高齢者まで安心して食べられる。

デンマークといえば、チーズパーティを思い出す。何から何までチーズ、チーズの徹底したものであった。国を思えば食べ物を一緒に思い出し、家を思えば手づくりの独特の品々が思い浮かんでこなくては、台所のプロとはいってもらえまい。

秋田の味から世界まで広がってしまったが、〝味〟がもたらす力は、温かくて、心なごみ、明日へのエネルギーを生み出す源である。何の不自由もなくなった世の中なればこそ、心と知恵を働かせ、愛情のこもったわが家の〝味〟つくりに精進しなければならないと思う。

私たちはスポーツを奨励しているが、たまに、お母さんがスポーツに夢中になり、インスタント食品と魔法瓶をテーブルに、いつまでも家を空けるのはどうも、と苦情をいわれることもある。健康のために一番大切にしなければならないのが〝食事〟であり、次に動く〝スポーツ〟がやってきて、〝休養〟に入り、これらのバランスのとれた生活こそが何よりの健康の秘訣でもある。

これを食べたら力が出る、親としてのせいぜいの色気をこの辺で存分に出したいものと、好みの違う五人の子供のために、これからも腕まくり人生でいきたいと思う。

(おの・きよこ　㈶日本スポーツクラブ常務理事

一九八六年記)

「日本の食生活全集」刊行にあたって

今、やっておかなければならないことがある。今、やっておかなければ、永久に失われてしまうことがある。日本人がつくりあげた食事。それは、今、それを記録しておかねば、永久に失われてしまう。

建築物・構築物・書画・骨董・民具等、形あるものは残る。しかし、日本人の伝統的食事の総体は、それをつくった人々がいなくなれば永久に失われる。

大正から昭和初期にかけて食事をつくった人々、今、七〇歳前後の主婦たちは、日本の食事を伝承した最後の人々であろう。この人々が、この世から去れば、その人々とともに日本の食事は永久に失われてしまう。

この主婦たちの食事つくりは、地域地域の自然の生み出した四季折々の素材を調理し、加工し、貯蔵したものであった。

それは北と南では違い、西と東では違っていた。地域ごとに異なる自然の個性が、そこに住む人間の手によって表現された食事であった。当時の食事には、今日、われわれが失ってしまった地域的な、個性的な、人間的な自然がある。食事がそれを表現している。

食事に表現されている自然は、決して自然科学的自然ではない。人間の手が加わった人間的自然である。個性的自然である。日本の食事の総体を残すということは、今、失われている人間的自然を、個性的自然を残すということなのである。

日本の食事には地域的自然があっただけではない。春夏秋冬、四季があった。今、失われている季節が表現されている。その四季は自然的四季と人間の労働（農耕）が織りなした人間的四季である。日本の食事は、今、失われている人間的四季を表現している。

日本の食事は「はれ」と「け」を表現している。自然的四季と人間の労働は「祭り」を生む。そして食事は「祭り」を表現する。日本の食事には、今、失われている「祭り」が表現されている。

われわれの祖先の数千年にわたる営々たるいとなみが、日本の食事に表現されている。それは伝承によってしか保存することが出来ない。しかし、その伝承は「高度経済成長」によって断ち切られた。今、記録を残す以外に道はない。

私どもは、日本全土、津々浦々に足を運び、日本の食事を日々つくった人々の口から聞き出し、実際に食事を再現していただき、それを記録にとどめる。それをつくった人々の「想い」とともに記録にとどめる。

そして、この日本の食事を記録にとどめる運動が、記録としてとどめられるだけでなく、伝承復活の契機になることを期待したい。

今、やらねばならぬことがある。どうしてもそのことをやりとげたいのである。

一九八四年

社団法人　農山漁村文化協会

執筆、撮影

各道県の食とその背景

〈北海道〉　矢島睿

〈アイヌ〉　すべてのものに神宿る——清廉なアイヌの食文化　萩中美枝

〈青森〉　森山泰太郎

〈岩手〉　古沢典夫

〈秋田〉　藤田秀司

図解　各道県の農業と食べもの　斎藤梅

エッセイ　八条志馬、杉村京子、長部日出雄、鷹觜テル、小野清子

カラーページ写真撮影　千葉寛、中川潤、宇田川洋、為岡進、豊原熙司、畑井朝子

伝承写真館 日本の食文化① 北海道・東北1

2006年7月5日　第1刷発行

編集　農　文　協

発 行 所　社団法人　農 山 漁 村 文 化 協 会
郵便番号　107-8668　東京都港区赤坂7丁目6—1
電話　03(3585)1141(営業)　03(3585)1145(編集)
FAX　03(3589)1387　振替　00120-3-144478
URL http://www.ruralnet.or.jp/

ISBN4-540-06224-7　製作／㈱新制作社
〈検印廃止〉　印刷・製本／凸版印刷㈱